para

Geheim-
schriften

para (1911–1989),
der eigentlich Karl Heinz
Paraquin hieß, dachte
sich über 20 Jahre
Denksportaufgaben für
die Ravensburger
Taschenbücher aus.

Geheim-
schriften

Wie man Geheimes geheimhält
und sichtbare und unsichtbare
Geheimschriften selber macht,
chiffriert, und entziffert.

RAVENSBURGER BUCHVERLAG

Mit Bildern von Dorothea Cüppers

Originalausgabe
als Ravensburger Taschenbuch
Band 3021
erschienen 1996

© 1988 Ravensburger Buchverlag
Erstmals in den Ravensburger
Taschenbüchern erschienen 1977
(als RTB 404)

Umschlagillustration: Bianca Schaalburg

RTB-Reihenkonzeption:
Heinrich Paravicini, Jens Schmidt

**Gesamtherstellung: Clausen & Bosse, Leck
Printed in Germany**

6 5 4 3 2 1   01 00 99 98 97 96

ISBN 3-473-53021-2

SACHBUCH

Das Wichtigste zuerst

Wollte man „Goldene Regeln" für Geheimschriften aufstellen, so könnten sie lauten: Deine geheimen Botschaften müssen sich an jedem Ort zu jeder Zeit mit einfachsten Mitteln bei geringstem Aufwand sofort anfertigen lassen. Deine Geheimschrift muß für deine Partner leicht zu merken und leicht zu lesen sein. Fremde hingegen sollen sie nicht entziffern können. Merke: Schnelligkeit geht vor Raffinesse, Sicherheit vor Sorglosigkeit.

Deine Botschaft muß immer knapp und präzise sein wie ein Telegramm. Kürze geht vor Grammatik und Rechtschreibung. Alles Überflüssige weglassen (Anrede, Satzzeichen). Möglichst immer nur Groß- oder immer nur Kleinbuchstaben verwenden.

Solange eine geheime Botschaft nicht in eine Geheimschrift übertragen ist, nennt man sie unverschlüsselt oder Klartext. Er wird mit Hilfe eines Schlüssels oder eines Codes in die Geheimschrift verschlüsselt. In der Fachsprache heißt das chiffrieren. Dafür gibt es die unterschiedlichsten Verfahren. Sie werden im Buch gezeigt.

8

Empfängt dein Partner deinen Geheimtext, entschlüsselt oder dechiffriert er ihn im umgekehrten Sinne zurück in den Klartext. Dabei nimmt er den oder die jeweils verabredeten Schlüssel zu Hilfe.

Vereinbart ein festes Zeichen – Schlüsselzeichen genannt – als Abschluß und Merkmal deiner und seiner Botschaften. Häufiges Wechseln der Verfahren mindert die Gefahr schneller Entdeckung deiner geheimen Schlüssel durch Fremde, noch während du sie anwendest.

Ein ausführliches Fachwörter-Verzeichnis findest du auf Seite 145, falls dir etwas unklar sein sollte. Über die Geschichte der Geheimschriften erfährst du Näheres auf Seite 141.

Geheimschriften erfinden, anwenden und entziffern ist eine aufregende Sache. Der Phantasie wird Tür und Tor geöffnet, schöpferisches Denken angespornt, Anregung zum Spiel in Hülle und Fülle geboten.
Darum: Viel Vergnügen allen oder liev Negüngrev nella!

25 leere Kästchen

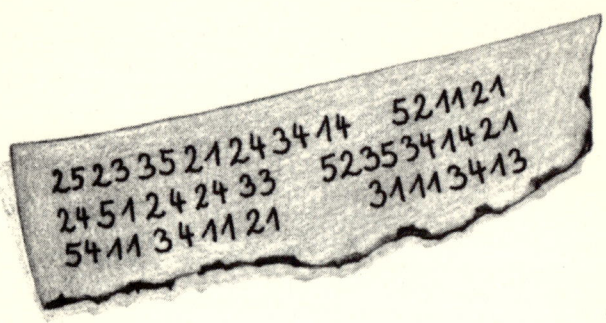

25 23 35 21 24 34 14   52 11 21
24 51 24 24 33   52 35 34 14 21
54 11 34 11 21   31 11 34 13

Diese geheime Botschaft kannst du sofort entschlüsseln. Trage zuerst das ganze Alphabet zeilenweise in die leeren Kästchen auf der rechten Seite ein. I und J kommen in ein Kästchen.

Zwei Ziffern bilden immer einen Buchstaben.

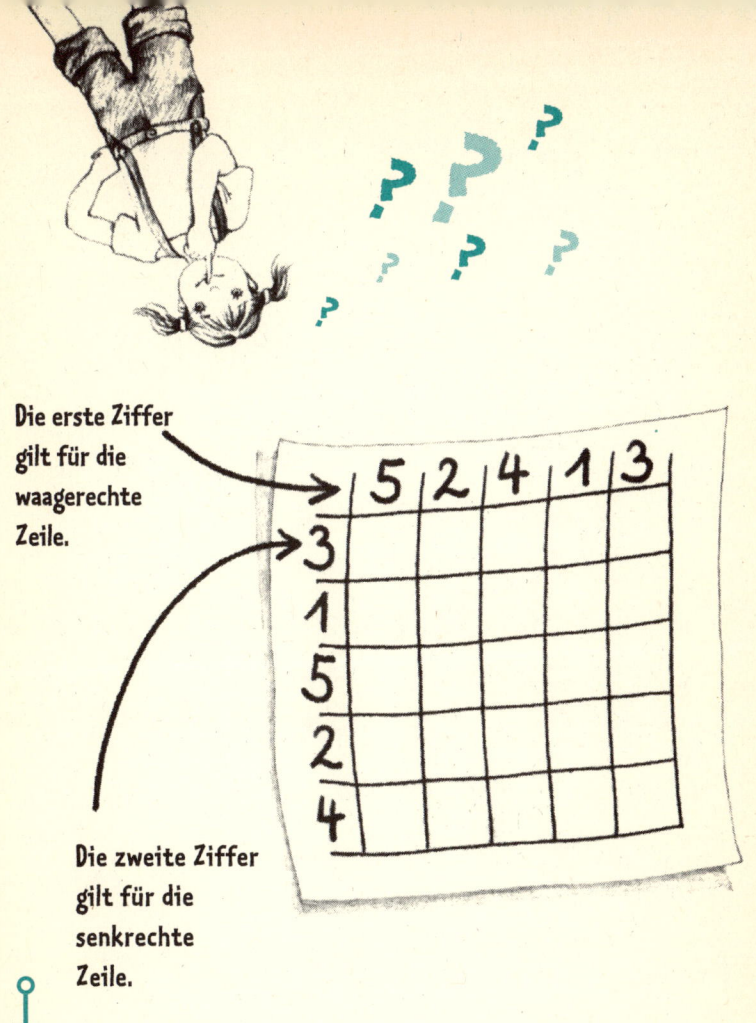

Die erste Ziffer gilt für die waagerechte Zeile.

Die zweite Ziffer gilt für die senkrechte Zeile.

5 2 4 1 3

3
1
5
2
4

Jetzt suche den 1. Buchstaben der Botschaft = 25. Wo Zeile 2 und Spalte 5 sich kreuzen, dort findest du Q. Das ist der 1. Buchstabe der Botschaft. Sie besteht aus sechs Wörtern.

Lieber Jonny,
hat Karl Dir die
Schachtel Kok
entwendet ja?
Warum ich nicht
schlechter sei als
Egon? Der Boss.
Wie kommt Otto am
Tage malade.
Alsbald bringe ich
den Georg in die
Idiotensportpenne,
aber glauben nicht
die immer an
Insekt? Willi

12

LIEBER JONNY,
HAT KARL DIR
DIE SCHACHTEL
KOK ENTWEN
DET JA?

Willis Brief an Jonny geriet zu-
fällig in Augusts Hände. Der las ihn und
dachte sich: So ein Spinner! Doch konnte
er nichts mit dem Brief anfangen und
gab ihn weiter an Jonny. Der wußte sofort Bescheid. Denn der Brief enthält eine geheime Botschaft für ihn. Er brauchte nur, wie er zuvor mit Willi vereinbart
hatte, jeden fünften Buchstaben abzuzählen und aufzuschreiben. Die Satzzeichen zählen beim Abzählen mit. So
erfuhr Jonny schnell, was Willi Wichtiges zu berichten hatte. Auch du kannst es sofort erfahren, wenn du in gleicher
Weise entzifferst wie Jonny. Was steht in der Botschaft?

TIP

Verwende dieses Verfahren nur, wenn deine Nachricht kurz
und eilig ist. Der Text, in dem du deine Botschaft verbirgst, 13
muß nicht unbedingt sinnvoll sein. Allerdings erregen „rich-
tige" Sätze weniger Verdacht bei Fremden als verdrehte.

Dieser Brief enthält eine geheime Botschaft. Du kannst sie sofort entziffern, wenn du den Schlüssel hast. Beginne mit dem ersten Buchstaben des Textes und überspringe jeweils die zwei folgenden Buchstaben. Der 4. Buchstabe gilt wieder, die zwei folgenden nicht. Das setzt du so fort bis zum Schluß des ganzen Textes. Die Satzzeichen zählen mit, die Wortzwischenräume nicht!

Die ermittelten Buchstaben von einem „Wort" ergeben – wenn man sie von hinten nach vorn, also gegen die gewohnte Richtung liest – jeweils ein Wort der Geheimbotschaft. So ergibt das 1. „Wort" NARITTE auf diese Weise NIE, von hinten gelesen heißt das EIN.

Das nächste „Wort" 50REXEGALSTUBRA8LF ergibt RELUAF, von hinten nach vorn gelesen = FAULER. Auf diese Weise geht es immer weiter bis zum Schluß: zwei Buchstaben, Zeichen oder Ziffern überspringen und die gefundenen von hinten nach vorn lesen. Nun kannst du den ganzen Brief entziffern und die Botschaft lesen.

Du kannst auch Groß- und Kleinbuchstaben mischen und mit eigenen Zeichen versehen. Da die Botschaft bei diesem Verfahren ziemlich leicht zu entziffern ist, empfiehlt sich diese verwirrende Manipulation. Nur: Die Botschaft selbst muß sich in der verabredeten Reihenfolge klar und verständlich ablesen lassen.

Immer dem **Pflug** nach

(a)

Will man diese Schrift entziffern (a), braucht man bloß daran zu denken, wie ein Bauer sein Feld pflügt. Zuerst zeichnet man ein Kästchengitter (b). Dann trägt man seine geheime Botschaft in Klartext ein, und zwar immer zeilenweise von links nach rechts. Lautet er: „SCHREIBE SO IN DIE KAESTCHEN Z.", wird er so eingetragen wie in (c).

Anwendung: Falls hinter dem Schlußzeichen deiner Botschaft – hier Z – Kästchen noch leer sind, werden sie mit „Faulen" gefüllt. „Faule", das sind für die Botschaft bedeutungslose Zeichen, Ziffern oder Buchstaben, die Fremde in die Irre führen sollen.

Verschlüsselt wird der Text spaltenweise von rechts unten im Verlauf der ganzen Pfeillinie nach links oben (wie in d) und sieht dann in der Niederschrift so aus wie in (a). Wie die Pfeillinie verläuft, so pflügt der Bauer sein Feld.

Entschlüsselt wird in folgender Weise: Die Zeichen der verschlüsselten Botschaft (a) Zeile für Zeile ablesen und in das Kästchengitter (e) spaltenweise auf der Pfeillinie eintragen – genau wie beim Verschlüsseln. Wieder rechts unten beginnen! Wenn alle Zeichen übertragen sind, in gewohnter Weise von oben links nach rechts unten zeilenweise den Klartext ablesen.

TIP

Dieses Verfahren nur für kurze Texte wählen, höchstens sechs Kästchen hoch und breit = 36 Buchstaben. Legt man das Kästchengitter größer an, bleiben ganze Wortteile unverschlüsselt und verraten dein Geheimnis.

b

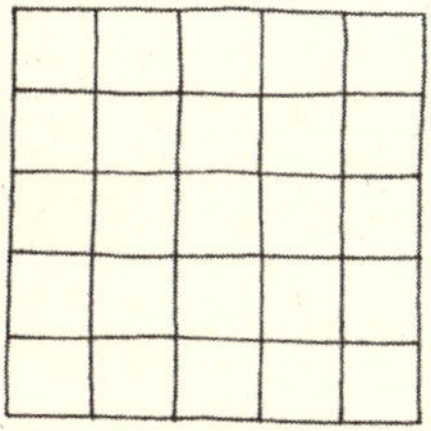

c

S	C	H	R	E
I	B	E	S	O
I	N	D	I	E
K	A	E	S	T
C	H	E	N	Z

d

S	C	H	R	E
I	B	E	S	O
I	N	D	I	E
K	A	E	S	T
C	H	E	N	Z

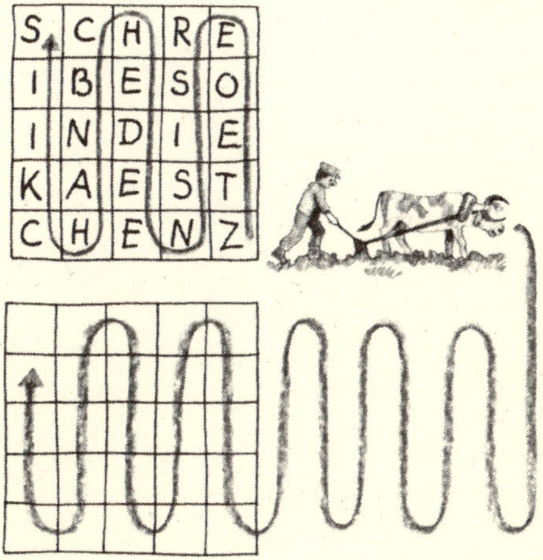

e

Geheimtip

Alle deutschen Schreibmaschinen haben die gleiche Tasten-einteilung. Darum kann man ein Verfahren für Geheim-schrift entwickeln, das einfach, schnell und ohne großen Aufwand möglich ist.

Anwendung: Die vier Tastenreihen jeder Schreibmaschine haben eine ungleiche Anzahl von Tasten. Wir brauchen von jeder Reihe nur zehn Tasten. Die Überzähligen rechts außen entfallen. Der Witz des Verfahrens ist, daß für jede Taste vier „Stellvertreter" vorhanden sind. Für E zum Beispiel – siehe Bild links – sind die vier stellvertretenden Tasten: genau darüber 3, genau darunter D, links daneben W, rechts daneben R. Man muß sich nur merken, daß die linken Stellvertreter für die Randtasten links außen (das sind 1 Q A Y) die Randtasten rechts außen sind (also: + P Ö –). Für den Geheimtext – siehe unten – dient dir der linke Stellvertreter als Schlüssel. Nun kannst du herausbekommen, welche geheime Botschaft hier verschlüsselt ist.

```
öZRiJ    ÖozrR    ÖVdöG
ErNUr    DöGeE    öS7Zg
eVWeR    gUKdr    ÖBsWe
bJÖek
```

Als Stellvertreter können auch die rechten, die oberen oder die unteren Tasten dienen. Merke auch hier, daß die rechten Stellvertreter der Randtasten rechts außen die Tasten links außen sind; die oberen Stellvertreter der obersten Reihe sind die der untersten Reihe; während die unteren Stellvertreter der untersten Reihe die der obersten Reihe sind. Das klingt nur kompliziert, lernen läßt sich das schnell, wenn man ein bißchen übt.
Vorteilhaft kann man Fremde irreführen, wenn man den chiffrierten Text in Gruppen von je 5 Buchstaben einteilt und wenn man durch willkürlichen Anschlag der Tasten mal kleine, mal große Buchstaben wählt.

Ein zweiter Geheimtip

Ein ganz anderes, ganz einfaches Verfahren zum Thema Geheimschreiben mit der Schreibmaschine ist das: Besorge dir im Papiergeschäft selbstklebende Haftetiketten (für Preisauszeichnungen). Sie werden mit allen Buchstaben des Alphabetes und den Ziffern 1 bis 9 ganz willkürlich beschriftet. Oben auf das Etikett schreibst du in kleinerer Schrift den Buchstaben der jeweiligen Taste, auf die du das Etikett klebst (siehe Abbildung).

Die gleiche Verschlüsselung der Tasten durch Aufkleber hast du zuvor mit deinem Partner vereinbart. Keiner von euch muß sich die Anordnung der Buchstaben merken;

denn auf jedem der Etiketten steht der Klar- und der Schlüsselbuchstabe drauf. Schreibst du ihm, klebst du die Etiketten auf die Tasten und tippst nach dem verwürfelten Abc. Dann entfernst du die Etiketten und klebst sie wieder auf das Schutzblatt. Dein Partner holt seinen Etikettenschlüssel und entschlüsselt deine Botschaft, indem er die Schlüsselbuchstaben „übersetzt" in die Tastenschrift = Klartext, die mit auf den Etiketten steht.

Dieses Verfahren kostet wenig Zeit, Mühe und Aufwand. Schnell ist deine Druckerei parat, schnell wieder spurlos abgebaut. Alles bleibt ordentlich – bis zum nächsten Mal.

So sehen die weißen Haftetiketten aus, und so werden sie beschriftet.

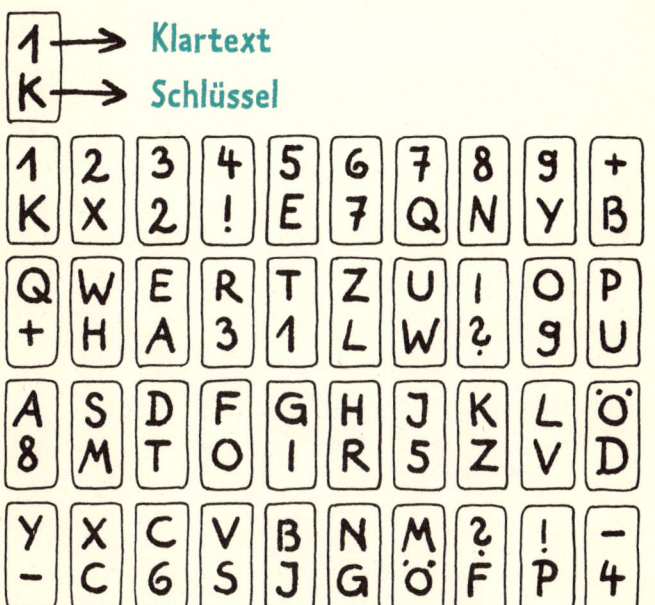

Fäden

können reden

Von Häftlingen haben wir gelernt, geheime Botschaften mit den primitivsten Mitteln herzustellen. Zum Beispiel mit einem Wollfaden. Man trägt auf einer dünnen Leiste (Lineal) auf der Unterkante oder Rückseite die Buchstaben mit 1 cm Abstand auf. Doch nicht in der bekannten Reihenfolge des Abc, sondern so, wie die Buchstaben im Deutschen am häufigsten verwendet werden. Die oft gebrauchten Buchstaben kommen an den Anfang, die selten gebrauchten an das Ende. Durch diesen Trick gewinnst du doppelt: Deine Knotenschrift wird viel kürzer – wie du gleich sehen wirst –, und sie ist für Fremde viel schwerer abzulesen.

Anwendung: Wo die Knotenschrift beginnt, wird mit einem verabredeten Knotenzeichen gekennzeichnet (Knoten mit Schleife).

Lautet deine Botschaft: „IRENE LUEGT", legst du an der linken Kante der Leiste dein Knotenzeichen fest mit der linken Hand an, streifst den Faden bis zum I (= 5 cm) und machst hier den ersten Buchstabenknoten. Diesen Knoten jetzt links außen anlegen, festhalten, bis zum R streifen (= 3 cm) und hier den zweiten Buchstabenknoten knüpfen. So fahre fort bis zum letzten Buchstaben (= T) deiner Botschaft. Nach dem Schlußzeichen den Faden abreißen und abschicken.

Weil du das Abc in einer neuen Reihenfolge angeordnet hast, mißt deine Botschaft nur 50 cm. Hättest du die übliche Reihenfolge verwendet, wäre sie 116 cm lang geworden – mehr als die doppelte Länge!

Probiere es selbst aus.

So muß dein Lineal oder Meßstreifen aussehen. Jeden neuen Knoten hier an der linken Kante anlegen und mit dem Faden bis zum gewünschten folgenden Buchstaben deiner Botschaft gehen.

Wem das Knotenknüpfen zu umständlich ist, der kann auch weißes Baumwollgarn nehmen und den jeweiligen Knotenpunkt mit Kuli oder Farbstift kennzeichnen.

TIP Das umgestellte Alphabet verschleiert die Botschaft und verkürzt zugleich die Fadenlänge. Wer trotz dieser beiden Vorteile die neue Buchstabenreihe nicht auswendig lernen will (wer rennt schon immer mit einem Lineal herum!), der stelle die Buchstaben so um, daß sich leicht einprägsame „Wörter" ergeben und trotzdem die kurze Fadenlänge erhalten bleibt. Etwa so: ERNST IDAUL ...

Jetzt kannst du auch diese
Knotenschrift
lesen:

Sechs Halbe geben ein Ganzes

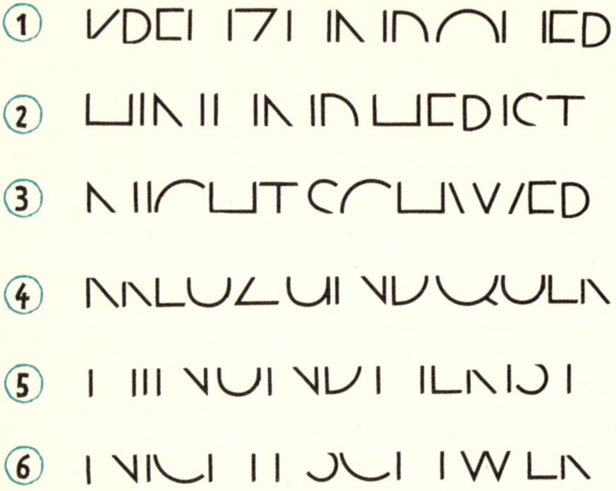

Das sind keine Hieroglyphen aus Ägypten, auch keine Schriftzeichen von der berühmten Osterinsel im Stillen Ozean, die noch kein Mensch zu entziffern wußte. Und doch steckt eine Nachricht für dich drin. Willst du sie erfahren? Klar doch! Dann lege ein Stück Papier mit der Kante an die Linien der unteren Zeilen **4** bis **6** und übertrage die Zeichen in gleicher Größe und Anordnung auf den Papierrand, jede Zeile für sich. Oder besser: Nimm Butterbrot- oder Durchschlagpapier und pause alle Zeichen durch. Dann lege die Papierkanten unter die oberen Zeilen **1** bis **3** (4 unter 1, 5 unter 2, 6 unter 3). Jetzt erfährst du die Nachricht. Wie lautet sie?

Kalender-geheimnis

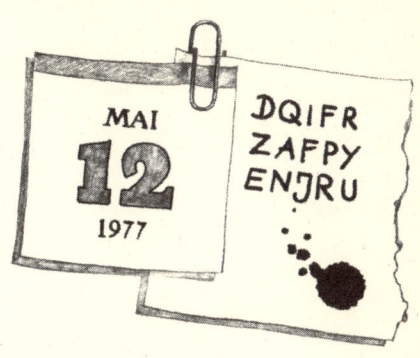

Wer das Datum als Chiffre für seine geheime Botschaft nimmt, blickt zuerst auf den Kalender. Zeigt der – zum Beispiel – den 12. Mai 1977 an, schreibt man diese Ziffernfolge fortlaufend über seinen ganzen Klartext. Hier lautet der Klartext: „CODE IST ENTDECKT".

Datum	1	2	5	1	9	7	7	1	2	5	1	9	7	7	1
Chiffre	D	Q	I	F	R	Z	A	F	P	Y	E	N	J	R	U
Klartext	C	O	D	E	I	S	T	E	N	T	D	E	C	K	T

Anwendung: Um die Botschaft zu verschlüsseln, verschiebt man die Buchstaben des Klartextes um so viele Stellen im Alphabet nach hinten, wie es die darüberstehende Ziffer des Datums angibt. C um eine Stelle ergibt D; O um zwei Stellen ergibt Q; D um fünf Stellen ergibt J; E um eine Stelle ergibt F. Und so weiter bis zum Schluß der ganzen Botschaft.

Wichtig ist nur, darauf zu achten, daß bei Verschiebungen über den letzten Buchstaben des Alphabets, das Z, hinaus wieder vorn beim A beginnend weitergezählt wird. Man muß sich also immer – beim Verschlüsseln und beim Entschlüsseln – das Alphabet aufschreiben, dann geht's leichter. Darum ist es hier abgedruckt.

Ein großer Vorteil bei diesem Kalendergeheimnis ist, daß kein Buchstabe des Klartextes durch häufiges Erscheinen **nach** dem Verschlüsseln auffällt. Taucht dennoch der gleiche Buchstabe im Geheimtext wiederholt auf, so ist es selten der gleiche wie im Klartext.

Die Buchstaben E N R S I T kommen im Deutschen so auffällig oft vor, daß – hätten sie immer die gleichen Schlüsselziffern – Fremde den ganzen Geheimtext mühelos entschlüsseln könnten. So ist es auch bei der Knotenschrift.

Es ist ganz gleich, wie viele Ziffern das Datum hat. Ob es der 1. 1. 1977, der 17. 6. 1977 oder der 28. 12. 1977 ist.

Der Absender schreibt immer alle Datumsziffern fortlaufend über seine ganze Botschaft. Ebenso der Empfänger beim Entschlüsseln. Nur schreibt er sie über den Geheimtext und verschiebt die Buchstaben um so viele Stellen nach vorne im Alphabet, wie es die darüberstehenden Ziffern angeben.

Verschlüsseln geht schnell, und auch das Entschlüsseln geht schnell. Man muß sich sehr wenig merken. Nur eines müssen beide kennen: das genaue Datum. Als Hilfe dient dir das Alphabet, du brauchst es zum Auszählen. Man kann das Verfahren auch so abändern, daß man nach vorne im Alphabet verschlüsselt, der andere muß dann nach hinten im Alphabet entschlüsseln. Vereinbart zum Beispiel: An geraden Tagen nach hinten, an ungeraden nach vorne.

Und was heißt dies am 17. November 1977?

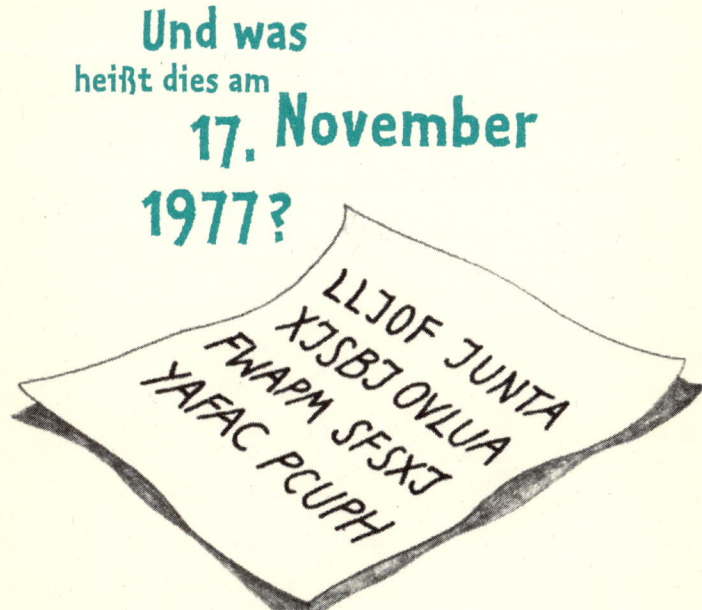

Guckfenster

Ein quadratisches festes Stück Papier oder Karton in 10 x 10 gleich große Felder einteilen. Davon 10 Felder als „Guckfenster" herausschneiden, jedoch keines auf den beiden Diagonalen. Du findest eine fertige Schablone auf Seite 156. Du brauchst sie nur noch auszuschneiden und auf Karton aufzukleben. Oder du bastelst dir selbst eine Schablone, die du im gleichen Maßstab auf Karton überträgst.

Anwendung: Deine Schablone hat 10 Guckfenster. Sie dienen zum Eintragen deiner geheimen Botschaft. In der Lage 1 (siehe a, Seite 33 oben) kannst du 10 Buchstaben auf ein darunter gelegtes Stück Papier Zeile für Zeile eintragen. Drehst du die Schablone durch eine Vierteldrehung nach rechts – jetzt siehst du die 2 links oben –, kannst du wie-

① Schablone
    ausschneiden.
    Die Fenster
    herausschneiden.

30

derum 10 neue Buchstaben deiner Botschaft eintragen. Das setze noch zweimal so fort über 3 und 4, dann hast du im ganzen 40 Buchstaben deiner Botschaft untergebracht. Wende nun deine Schablone um, so daß die Rückseite obenauf liegt und die 5 jetzt dort steht, wo zu Anfang die 1 war – links oben.

Trage in dieser Lage wiederum 10 Buchstaben ein. Wenn du die Rechtsdrehungen der Schablone und deine Eintragungen der Buchstaben über 6 und 7 und 8 fortsetzt, kannst du noch 30 Buchstaben unterbringen und hast am Schluß insgesamt 80 Buchstaben eingetragen – so lang darf deine geheime Botschaft sein. 20 Felder sind leer geblieben. Deine Botschaft kann 80 Zeichen enthalten, muß es aber nicht. Es können auch weniger sein. Doch wenn es sehr viel weniger sind, wähle besser ein anderes Verfahren oder eine kleinere Schablone, die du selbst bastelst. Leere Felder fülle in jedem Fall mit „Faulen". Jetzt hebe deine Schablone von deinem Schriftblatt (b) ab und fülle die 20 noch leeren Felder ebenfalls mit „Faulen". Dann ist deine Botschaft fertig.

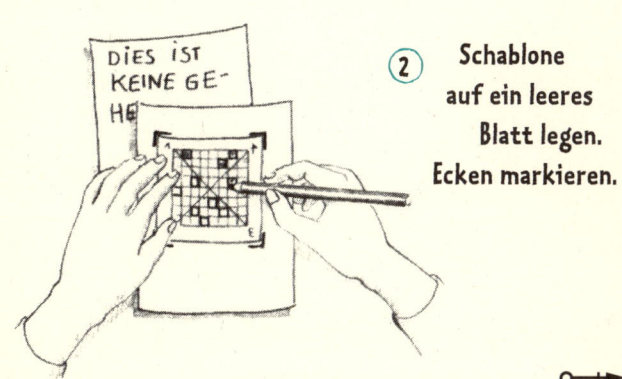

(2) **Schablone auf ein leeres Blatt legen. Ecken markieren.**

Sehr wichtig ist es, die Buchstaben genau in die Mitte der Felder einzutragen (Zeilen halten!). Nicht an die Fensterränder anstoßen! Wer das nicht tut, könnte andere durch diese Fehler sehr schnell auf die Methode des Verfahrens aufmerksam machen. Man hilft sich am besten so, daß man alle vier Ecken der Schablone auf dem Schreibpapier leicht mit Bleistift punktiert oder sonstwie anmerkt (siehe a) und bei jeder Drehung die Schablone wieder neu in diese Markierung einpaßt. Auf dem fertigen Blatt muß man sie wieder gut ausradieren. Hier macht Übung den Meister.

o—→ ③ Alle **Buchstaben**
durch die Fenster
aufschreiben
(siehe auch S. 33).
Die Schablone
dabei in die **8** verschiedenen
Positionen bringen.

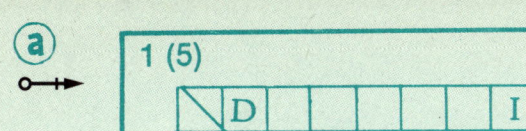

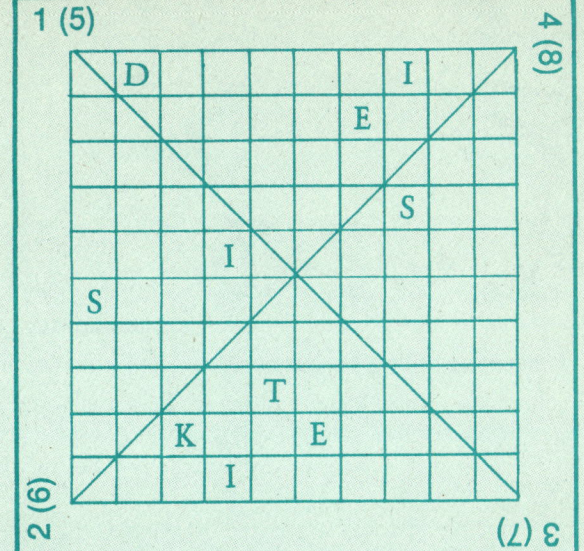

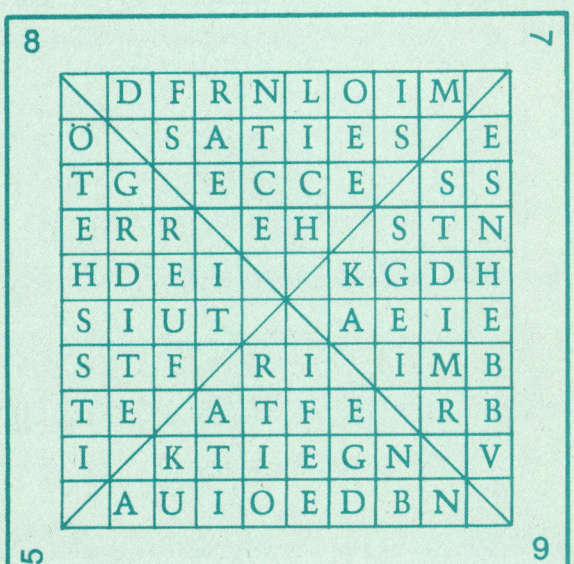

33

Wenn du die Schablone auf Seite 156 ausgeschnitten und alle Fenster sorgfältig herausgetrennt hast, kannst du die Botschaft hier unten leicht entziffern. Lege die Schablone wieder so auf, daß die **1** links oben ist.

N	D	F	R	N	L	O	I	M	Z
Ö	8	S	A	T	I	E	S	L	E
T	G	R	E	C	C	E	S	S	S
E	R	R	O	E	H	6	S	T	N
H	D	E	I	S	T	K	G	D	H
S	I	U	T	A	L	A	E	I	E
S	T	F	Y	R	I	7	I	M	B
T	E	3	A	T	F	E	U	R	B
I	O	K	T	I	E	G	N	T	V
Y	A	U	I	O	E	D	B	N	J

Die Finger
sagen's

Die Fingersprache – man sagt auch Handsprache – ist eine ernste Sache. Man nennt sie Daktylologie. Sie dient, etwa seit dem Jahre 1620, auch den Taubstummen als Mittel zur „beredten" Unterhaltung. Doch sie wurde schon im Mittelalter von Mönchen als Geheimsprache verwendet.

Wenn kein anderes Verständigungsmittel zur Hand ist – eine Hand kann man meistens freimachen, um mit dem Finger-Abc dem Partner auf Sichtweite versteckte Zeichen zu geben. Doch aufgepaßt! Die Abbildungen zeigen die Finger in der Handhaltung, wie sie der Partner sehen sollte. Das wird dann nicht immer möglich sein, wenn die Abbildungen die linke Seite der rechten Hand zeigen. Das ist der Fall bei A oder C oder D und so weiter. Der Partner befindet sich hingegen vor dem Zeigenden. Dann müßte die Zeigehand unnatürlich verrenkt werden, ganz gleich, ob die rechte oder die linke oder gar beide Hände die Zeichen geben.

Das hat zur Folge, daß man seinem Partner die Zeichen nur spiegelbildlich wiedergeben kann.

Diese Geheimsprache verlangt, außer daß man sie erlernen muß, viel Fingerfertigkeit. Wer sie anwenden möchte, tut gut daran, sie vor dem Spiegel einzuüben und wieder und wieder zu üben. Die Fingersprache ist eines der wenigen Mittel zur Verständigung, für das man keinerlei Hilfsmittel benötigt. Das ist ein Riesenvorteil!

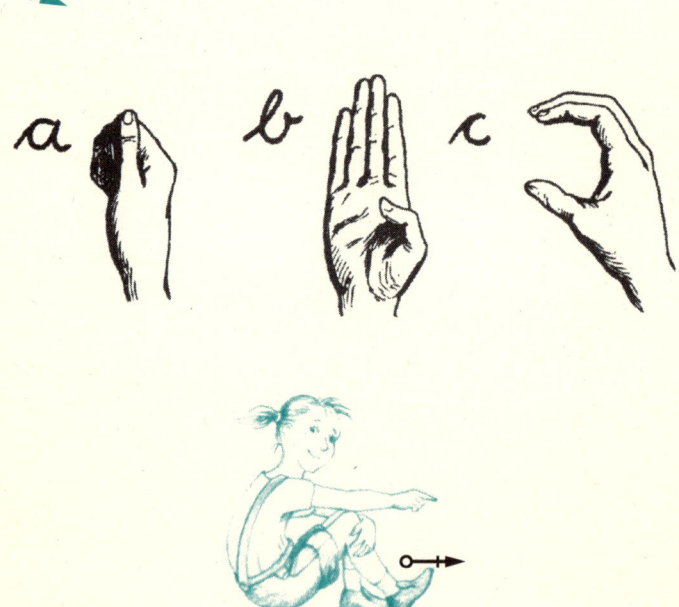

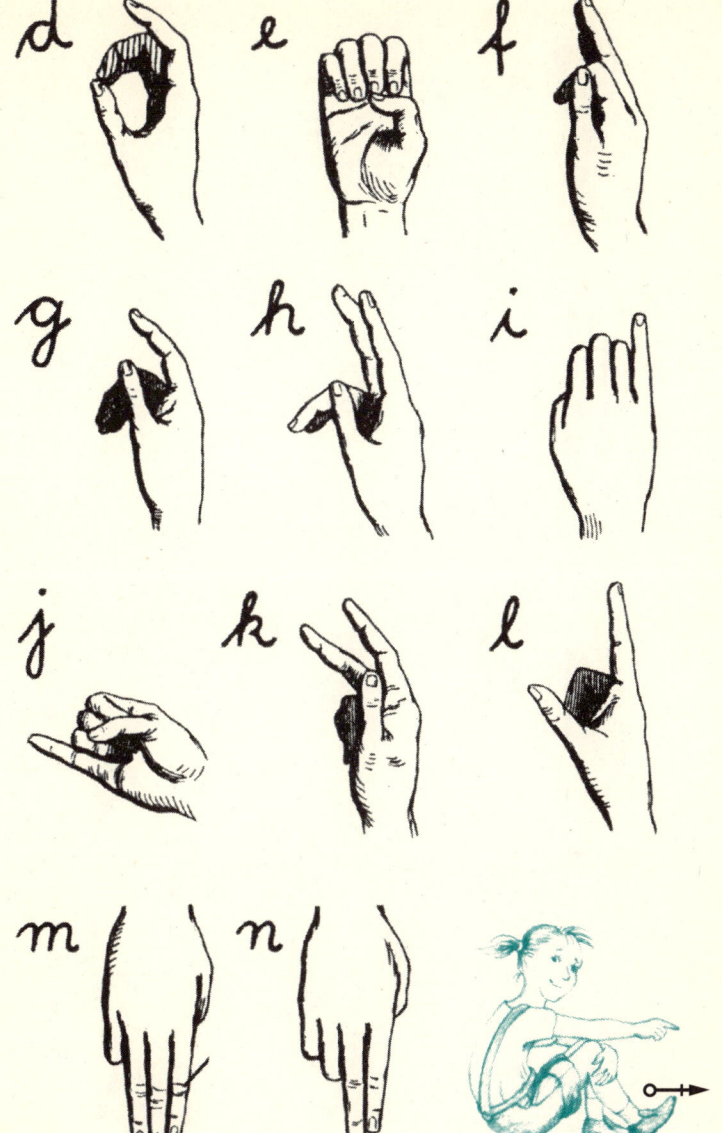

d e f

g h i

j k l

m n

37

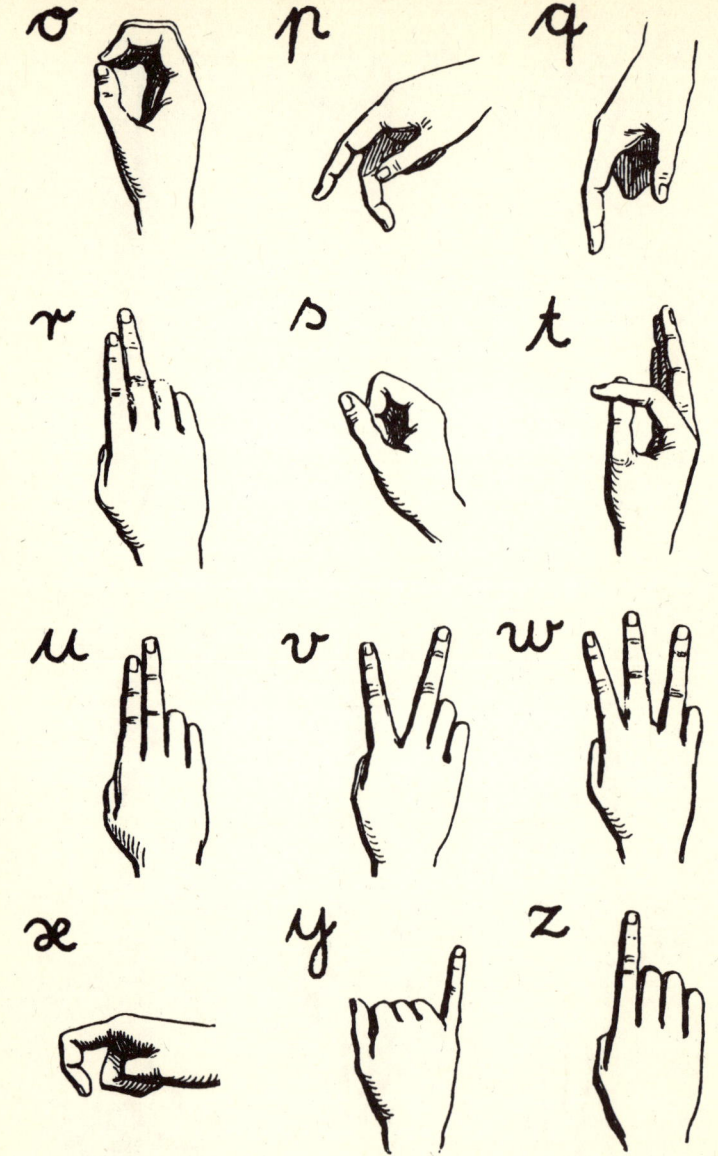

Und was sagen diese

sagen diese

Finger ???

Zweihändig

Mit zwei Händen läßt sich mehr sagen als mit nur einer Hand. Dabei ist besonders auffällig die Zeigeform aller Vokale (Selbstlaute, siehe unten). Für A gilt der Daumen, für E der Zeigefinger, für I der Mittelfinger, für O der Ringfinger und für U der kleine Finger – alles an einer Hand. Die andere Hand weist nur mit dem Zeigefinger auf den betreffenden Vokal-Finger hin.

Wer sich mit der Fingersprache versuchen will, beginne mit der einhändigen Methode. Beherrscht er sie „im Schlaf", kann er die zweihändige Methode angehen. Doch nötig ist es dann nicht mehr – er kann sich ja bereits verständlich machen, wenn er einen Partner findet.

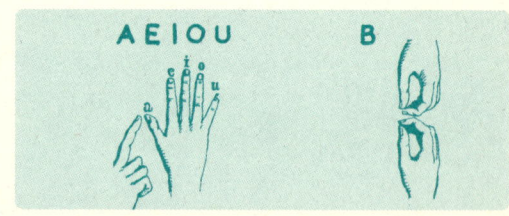

AEIOU B

40

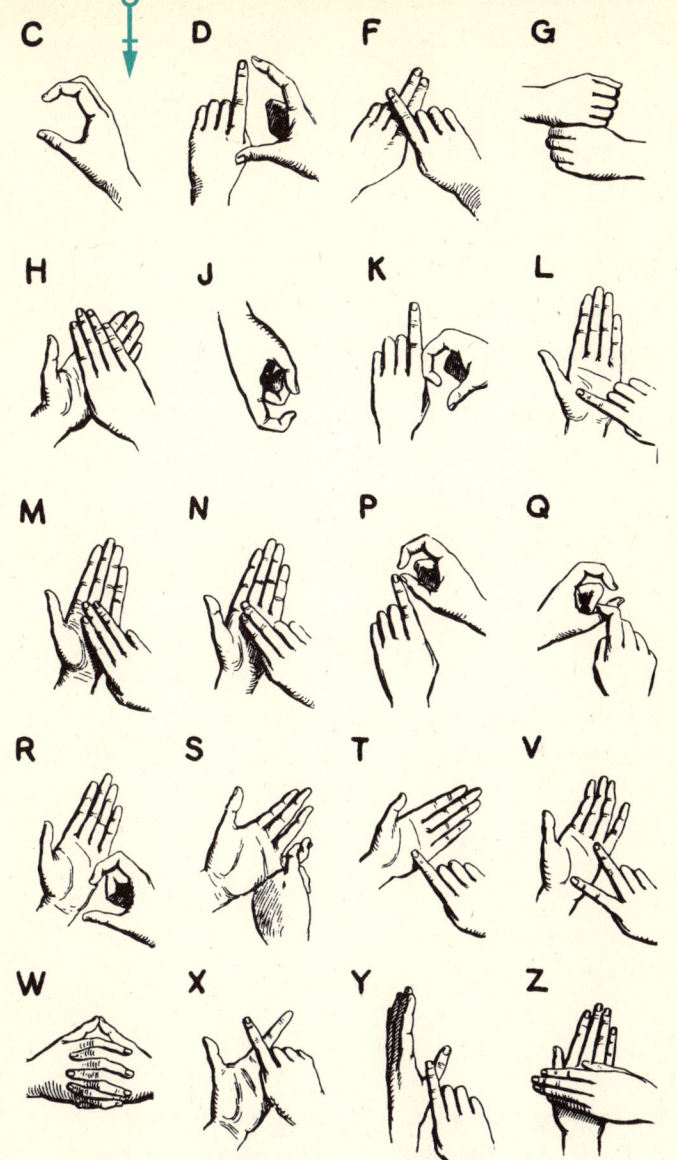

C D F G

H J K L

M N P Q

R S T V

W X Y Z

1 Drücke den Saft von einer Zitrone fest aus.

2 Nimm Papier und eine Feder mit runder Spitze.

3 Schreibe mit Zitronensaft deine Botschaft auf Papier.

4 Trockne die feuchte Schrift und sende die Botschaft ab.

5 Der Empfänger erwärmt das Papier durch Bügeln,

6 liest deine Botschaft und vernichtet das Papier.

Ich schreibe dir, was keiner sieht

Für Geheimtinten braucht man kein Hokuspokus. Gefangene haben unsichtbare Botschaften mit den primitivsten Mitteln angefertigt (mit Speichel, Fett, Milch, Urin) und sie an Mithäftlinge geleitet. Die streuten nur feinen Staub darüber, schon wurden sie lesbar.

Leeres, unbeschriebenes Papier erregt weit stärker Verdacht als beschriebenes. Darum ist es besser, ein normal beschriebenes Papier mit völlig harmlosem Text herzustellen (auch mit der Schreibmaschine) und den Geheimtext zwischen den Zeilen in einer bestimmten Ordnung anzubringen (siehe den Brief auf Seite 44).

Anwendung: Wie man mit einfachen Rezepten unsichtbare Tinten selbst herstellen kann:

1. Saft einer Zitrone auspressen. Text mit Saft auf Papier schreiben. Die nach dem Abtrocknen des Saftes verschwun-

Lieber Benni, wir gehen am Sonntag
Wichtige Nachricht für Dich
in den Botanischen Garten. Willst
im Geschichtsheft letzte Seite.
Du mitkommen? Wir holen Dich
Sofort lesen! R. hat uns be-
gegen 10 Uhr mit dem Auto ab und
lauscht. Gib Schlüssel an O.
laden Dich anschließend zum Mit-
Sonntag mehr. Sarah
tagessen im Hotel Kaiser ein.

Rufe mal an! Bis dann, Deine Sarah

dene Schrift erscheint wieder, wenn das Papier vorsichtig erwärmt wird.

2. Die gleiche Wirkung wird auch erzielt mit einem Löffel Zucker, der in $1/2$ Glas Wasser aufgelöst wurde. Oder mit Honig, den man im warmen Wasser zergehen läßt. Oder mit einer gesättigten Kochsalzlösung (in 3 Eßlöffel Wasser so lange Kochsalz einrühren, bis kein Salz mehr von der Flüssigkeit aufgenommen wird). Oder auch mit Apfelsaft. Die mit der „Tinte" feucht aufgetragene Schrift verschwindet jeweils durch Trocknen. Wärme macht sie wieder sichtbar.

3. Etwas schwefelsaures Kupferoxyd in Wasser auflösen und mit der Flüssigkeit auf Papier schreiben. Schrift verschwindet mit dem Auftrocknen. Sie erscheint rosarot wieder, wenn man das Papier mit einer Mischung aus Kochsalz und blausaurem Eisenkali bestreut.

4. Etwas Eisenvitriol in Wasser auflösen. Die getrocknete Schrift verschwindet. Sie kommt zum Vorschein, wenn man das Papier mit einem in Galläpfeltinktur getauchten Läppchen befeuchtet.

5. Den abgekochten Sud von Stärke und Reismehl als „Tinte" nehmen. Getrocknet verschwindet die Schrift. Sie erscheint violett, wenn man das Papier mit einer Flüssigkeit bestreicht: Jod in Weinessig auflösen.

6. Phenolphthalein – ein weißer Puder – wird tiefrot, wenn es mit einer Alkalilösung gemischt wird. Es ist Bestandteil von Abführtabletten, die im Handel frei zu haben sind. Eine Tablette ohne Rest auflösen in etwa 15 g reinem Alkohol. Nach dem Auftrocknen verschwindet die Schrift. Sie erscheint rot, wenn man sie mit einem Läppchen betupft, das mit einer Alkali-Wasser-Verdünnung (Waschsoda) befeuchtet ist. Vorsicht: Reiben verwischt die Schrift!

Zum Schreiben rauhes, weißes, nicht gestrichenes (Kreide- oder Kunstdruck) Papier nehmen, besser ist Postkartenkarton. Erwärmen: Mit Glühlampe, Herdplatte, Bügeleisen; niemals am offenen Feuer (Kerze!) erwärmen, das ist viel zu heiß. Trocknen: Sonnenlicht, Heizung oder Fön, nie mit Löschblatt. Damit eine höchst wichtige Botschaft, die dein Partner unbedingt erfahren muß, nicht durch Erwärmen beschädigt wird, taucht man das Papier vor dem Beschriften in eine starke Alaunlösung und läßt es an der Luft trocknen. Jetzt ist das Papier „feuerfest".

Wer keine Möglichkeit hat, das präparierte Papier zu erwärmen, besorge sich eine Ultraviolett-Leuchte (wie sie die Briefmarkensammler zum Erkennen der Wasserzeichen verwenden). In ihrem Licht sind diese Schriften sofort lesbar, aber nicht nur diese, sondern auch solche, die mit weitaus raffinierteren chemischen Methoden hergestellt worden sind. Auch Schriften Fremder kann man so entziffern.

Es geht auch ohne „Tinte": Gutes Schreibpapier eine Weile in Wasser einweichen, bis es gut durchfeuchtet ist, dann auf einer harten Unterlage glatt ausbreiten (Glas, Metall, Marmor) und alle Luftblasen durch Glätten hinausdrücken. Jetzt auf den feuchten Bogen einen trockenen legen und mit hartem Stift oder Kuli die geheime Botschaft aufschreiben. Das beschriebene trockene Papier vernichten, den feuchten Bogen sorgsam trocknen. Ist er trocken, weist er keinerlei Schriftzeichen auf. Wird er wieder ins Wasser gelegt und dann feucht gegen das Licht gehalten, kann man die Botschaft gut ablesen. Das kann man wiederholen. Auf Wasserzeichen im Papier achten.

Ein kleiner Scherz als Osterspaß:

So kann man auf dem Eiweiß eines gekochten Eies eine Schrift sichtbar werden lassen. Fein gepulverten Alaun und Gallapfel zu gleichen Teilen mit scharfem Weinessig mischen. Mit dieser „Tinte" auf die Schale eines rohen Eies die Botschaft schreiben. Das Ei vier Tage lang in Salzwasser oder scharfen Essig legen. Dann ist auf der Schale nichts mehr zu sehen. Wird nun das Ei gekocht und die Schale entfernt, ist die Schrift auf dem Eiweiß zu lesen:

   Fröhliche Ostern!

Wer kann's entziffern?

BOOTMITKNALL

BASISTEINOX

ONBNICHTGEHEIM

In diesen drei Zeilen steht eine Botschaft für dich. Du kannst sie sofort entschlüsseln. Nur mit deinen Augen, ohne Geheimschlüssel, ohne Hilfsmittel. Du brauchst das Buch nicht zu drehen, auch nicht zu schütteln. Du mußt nur auf den ganz einfachen Trick kommen. Was also steht in den drei Zeilen geschrieben?

47

Abzählen
kann jeder

Hast du zwei Exemplare eines bestimmten Buches der gleichen Auflage (das steht im Druckvermerk), dann kannst du auf zwei verschiedene Arten geheime Botschaften verschlüsseln. Du brauchst ein Buch, dein Partner das zweite.

1. Verfahren: Schreibe deine Botschaft im Klartext auf. Beginnt sie zum Beispiel mit B, so suche in deinem Buch nach diesem Buchstaben, ganz gleich wo. Notiere von B die Seitenziffer, die Zeilenzahl (von oben gezählt) und die Buchstabenanzahl in dieser Zeile (von links gezählt) bis zum B, das mitgezählt wird. Schreibe diese drei Zahlen – jede für sich getrennt – in eine Zeile. Das setze so fort mit allen folgenden Buchstaben deiner Botschaft, auch wenn sie zuvor schon vorgekommen sind. Das Wort „sieben" zum Beispiel hat zwei e! Jeden Buchstaben in eine neue Zeile.

2. Verfahren: Beginne das 2. Verfahren so wie das erste. Suche wieder im Buch nach dem 1. Buchstaben deines Klartextes, der diesmal – angenommen – mit dem Wort „GEFAHR" beginnt – also nach einem G. Notiere Seite, Zeile

und Anzahl der Buchstaben vom Zeilenanfang links bis zum G, das mitgezählt wird. Zähle weiter alle dem G folgenden Buchstaben bis zum E (dem 2. Buchstaben deiner Botschaft), das auch mitgezählt wird, und notiere deren Anzahl. Die nächste Zahl, die man notiert, ist die Anzahl der Buchstaben hinter E bis einschließlich F. So geht das Abzählen weiter, bis der ganze Text verschlüsselt ist.

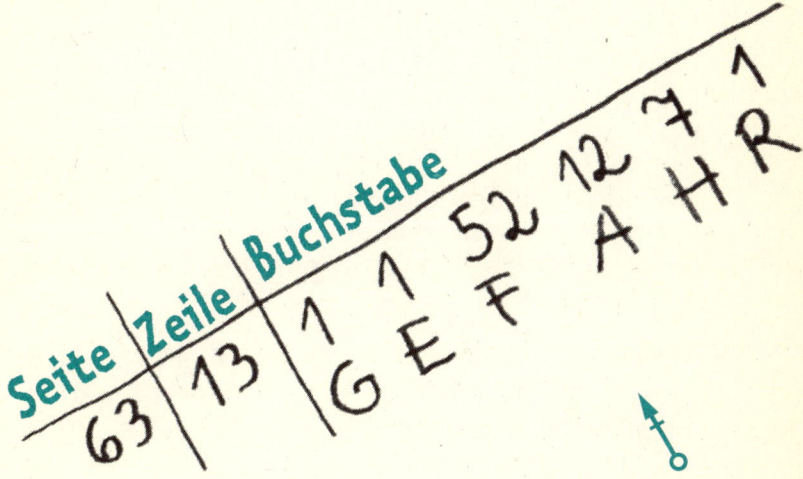

Vergleiche das Wort „GEFAHR" mit der Buchseite auf Seite 50 dann sieht die Botschaft so aus:

nen Sie haben«, sagte Pater Brown etwas müde. »Was er wert ist, können Sie mir später erzählen. Doch das erste, was ich in diesem nicht sehr bedeutenden Kopf finde, ist dies: Männer, die Diamanten stehlen wollen, sprechen nicht über Sozialismus. Sie neigen eher dazu«, fügte er ernsthaft hinzu, »ihn anzuklagen.«

Die andern beiden sahen grimmig drein, und der Priester fuhr fort: »Wir kennen ja solche Leute mehr oder weniger. Dieser Sozialist würde ebensowenig einen Diamanten stehlen wie eine Pyramide. Nein. Wir müssen sofort nach dem einzigen Mann sehen, den wir nicht kennen. Und das ist der Bursche, der den Schutzmann spielte – Florian. Ich wüßte gern, wo er in diesem Augenblick steckt.«

Der Hanswurst sprang auf und ging mit langen Schritten aus dem Zimmer. Eine Pause folgte, während der Millionär den Priester anstarrte und der Priester sein Brevier; dann kam der Hanswurst zurück und berichtete mit abgehackter Würde: »Der Schutzmann liegt noch immer auf der Bühne. Der Vorhang ist schon sechsmal auf- und niedergegangen, aber er liegt noch immer dort.«

Pater Brown ließ sein Buch sinken und stand da, ein Bild völliger geistiger Niederlage. Nur sehr langsam flackerte Erkenntnis in seinen grauen Augen auf; und dann stellt er eine völlig absurde Frage: »Bitte, verzeihen Sie, Oberst, aber wann ist ihre Frau gestorben?«

»Meine Frau!« wiederholte der Oberst verblüfft

Jahr und zwei Monaten Ihr Bruder I

Woch zu spät und ko

Der kleine Pries

gesch

Da bei diesem Verfahren nur die Buchstaben gezählt werden und nicht die Satzzeichen und Wortzwischenräume, werden Seitenziffern und Zeilenzahl nur einmal notiert, und zwar zu Beginn für den 1. Buchstaben der Botschaft.

Die Zahlen schreibt man stets getrennt und zeilenweise auf. Doch bei einer kurzen Botschaft kann man zusätzlich durch einen Trick täuschen: Man setzt beliebig viele Zahlen spaltenweise untereinander, zählt sie zusammen und schreibt die Summe darunter. Die Summe hat keine Bedeutung. Doch nun sieht das Ganze wie eine harmlose Additionsübung aus. Nur die Eingeweihten wissen, daß die beiden oberen Zahlen der linken Spalte die sie betreffende Seite und Zeile angehen. Sie sind wichtig – und natürlich auch das zuvor vereinbarte Buch.

Versuche jetzt, mit dem zweiten Verfahren diese geheime Botschaft zu entziffern. Die abgebildete Buchseite Seite 50 ist der Schlüssel!

Winkelzügig

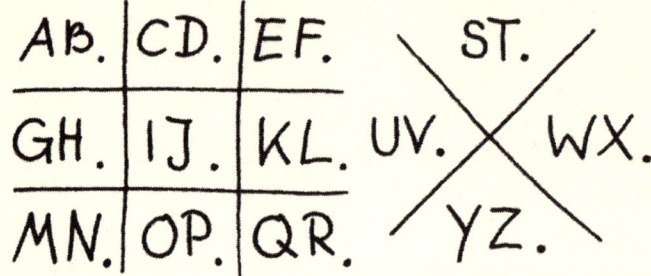

Mit sechs Strichen zeichne zwei Kästchengitter (oben). Trage das Alphabet in gewohnter Reihenfolge in die 13 Felder ein – immer zwei Buchstaben in ein Kästchen, der 2. Buchstabe bekommt einen Punkt.

Löst man alle Buchstaben aus den Kästchengittern, behält aber alle sie umgebenden Linien bei, erhält man ein neues Alphabet von Geheimzeichen, das wir für die winkelzügige Geheimschrift brauchen. Das neue Aussehen der Buchstaben ergibt sich aus ihrer Stellung innerhalb der Kästchengitter. Zur besseren Unterscheidung stehen alle Buchstaben ohne Punkt in Winkeln ohne Punkt, alle Buchstaben mit Punkt stehen in Winkeln mit Punkt.

Diese Geheimschrift hat den Vorzug, daß man keinen Schlüssel – das Alphabet – bei sich haben muß. Man kann es immer wieder aus dem Gedächtnis neu aufschreiben und kann es schließlich auswendig. Ebenso geht es dem Partner, wenn er entschlüsselt.

Doch auch Fremde können schnell hinter das einfache System seines Aufbaues kommen, studieren sie es nur aufmerksam genug!

Doch so einfach wollen wir es ihnen gar nicht machen. Wir tricksen sie aus. Wir zeichnen nochmals wie zuvor sechs Striche und haben wieder unser Kästchengitter. Doch nun schreiben wir nicht das Alphabet regelmäßig ein, sondern verwürfeln es ganz willkürlich. Dann sieht es so aus wie auf Seite 54 gezeigt.

	I = □	R = ⌐•
A = ⌋	J = ⊡	S = ∨
B = ⌋•	K = ⊏	T = ∨̇
C = ⊔	L = ⊏•	U = >
D = ⊔•	M = ⊓	V = >̇
E = ⌊	N = ⊓•	W = <
F = ⌊•	O = ⊓	X = <̇
G = ⊐	P = ⊓•	Y = ∧
H = ⊐•	Q = ⌐	Z = ∧̇

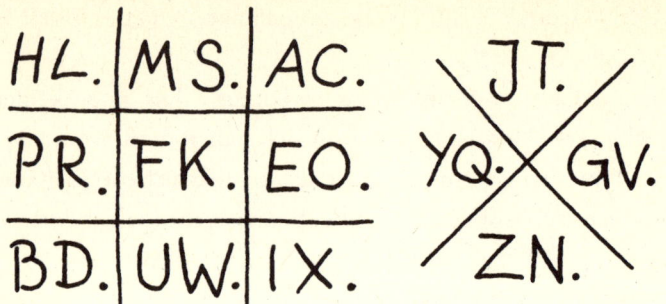

HL.	MS.	AC.		JT.
PR.	FK.	EO.	YQ.	GV.
BD.	UW.	IX.		ZN.

Das neue **Alphabet**

sieht dementsprechend anders aus:

	I = Γ	R = ⊐
A = L	J = V	S = ⊔
B = ⊓	K = ⊡	T = V
C = ⌊	L = ⌋	U = ⊓
D = ⊐	M = ⊔	V = <
E = ⊏	N = ∧	W = ⊓
F = □	O = ⊏	X = Γ
G = <	P = ⊐	Y = >
H = ⌋	Q = >	Z = ∧

o—→ Jetzt haben wir den Vorteil vom regelmäßigen Abc eingebüßt, doch einen neuen, viel besseren gewonnen: Das System ist viel sicherer geworden. Auch dieses System kann man sich nach einiger Übungszeit einprägen und auswendig verschlüsseln und entschlüsseln. Doch bis es soweit ist, muß man den Schlüssel bei sich haben.

Ratsam ist, sich bei der verwürfelten Methode geeigneter Schlüsselwörter zu bedienen. Dazu mehr auf Seite 82/83.

Wenn du das willkürliche Abc zugrunde legst, kannst du jetzt diese Geheimbotschaft schnell entziffern:

Kaugummischrift

Um diese Botschaft entziffern zu können, mußt du nicht erst Mutters Schere oder Vaters Lupe ausleihen. Auch brauchst du das Buch nicht auf den Kopf zu stellen oder gar dich selbst. Wenn du aber vermutest, daß du hier einen kleinen Trick anwenden mußt, bist du der Lösung schon sehr nahe. Frage ist nur: Was ist das für ein Trick? Und wie lautet die Botschaft?

Hebe die Unterkante des Buches soweit an, bis sich diese Seite in der Schräge bei Draufsicht stark verkürzt hat.

WENN DU DAS LESEN KANNST, KANNST DU AUCH DAS NOCH LESEN, ODER?

Pünktchen

Blinde lesen mit den Fingern. Die rund 50 Zeichen ihrer Blindenschrift bestehen nur aus Punkten, die der Blinde ertastet. Sie sind in bestimmter sinnvoller Anzahl – bis zu fünf je Buchstabe – und Stellung zueinander angeordnet und ergeben „Bilder"-Buchstaben.

Unsere Geheimschrift ist ähnlich angelegt, nur viel einfacher. Es sind 25 Zeichen mit höchstens 3 Punkten je Zeichen. So sieht das Alphabet in den quadratischen Kästchen aus:

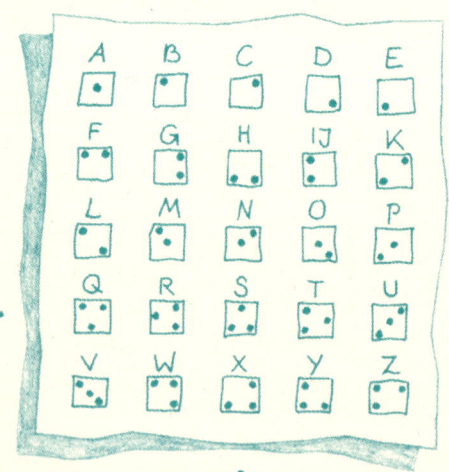

Kästchenpapier vereinfacht und beschleunigt die Niederschrift des Geheimtextes erheblich, auch liest sie sich leichter.

Um Fremde irrezuführen, wenden wir einen Trick an, indem wir nicht zeilenweise, sondern spaltenweise von oben nach unten den Geheimtext in das Kästchenpapier eintragen. Zuvor vereinbaren wir, wie viele Zeichen in einer Spalte stehen dürfen. Fehlen darf auf keinen Fall das wichtige Schlußzeichen, da Gefahr besteht, daß bei diesen Schriftzeichen Anfang und Ende der Botschaft verwechselt werden.

Lautet deine
Botschaft:

Toni hat Plan geprobt.
Jetzt gilt Plan M. Gerd

dann sieht dein
Geheimtext so aus:

Für die Ziffern 0 bis 9 sind keine eigenen Zeichen erforderlich. Für sie stehen die Zeichen der ersten 10 Buchstaben des Alphabets A bis K, die nur mit einem Strich in beliebiger, willkürlich abwechselnder Weise gekennzeichnet sind. Zum Beispiel so: 1 = ÷ 2 = '/ 3 = /' 4 = /. und so weiter.
Zum Entschlüsseln muß man anfangs noch das Alphabet als Schlüssel bei sich haben. Nach einer Weile wird es dir geläufig sein.

 Das ist aber ein Punkt für Fremde, unser Spiel zu durchkreuzen. Wir müssen einen weiteren Trick anwenden, um das zu vereiteln.

Darum beginnen wir in der unteren Zeile und schreiben sie versetzt weiter, wie es die folgende Abbildung zeigt – die Buchstaben in der Reihenfolge der Zahlen aufschreiben:

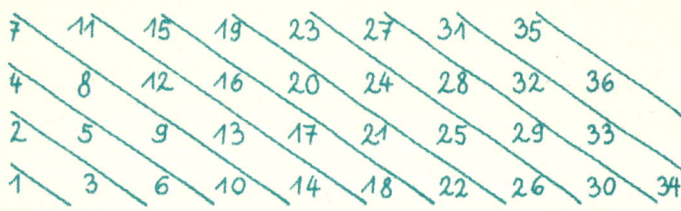

In dieser Reihenfolge schreibst du jetzt die Buchstaben deiner Botschaft im Klartext auf:

Zum Schluß wird der Klartext in das Pünktchen-Abc verschlüsselt und sieht als Geheimtext fertig so aus:

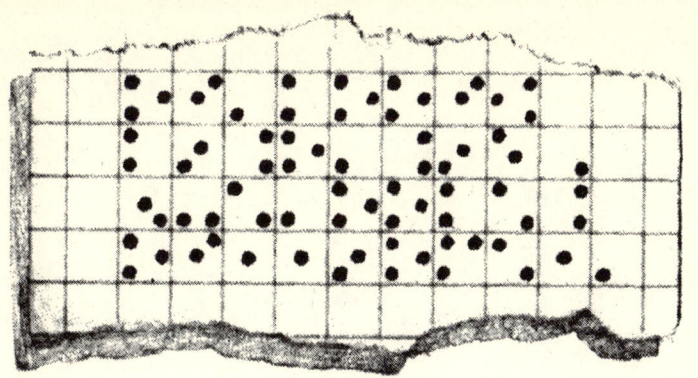

(TIP)

Wie auch immer du diese Geheimschrift anwenden willst –
zeilenweise, spaltenweise oder in versetzte Spalten –, die
Pünktchen müssen exakt in die Kästchen eingetragen werden, damit Mißverständnisse vermieden werden.

Rösselsprünge

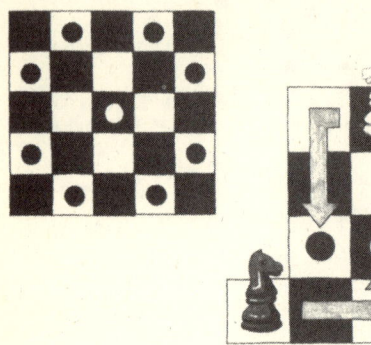

Sogar mit dem uralten Rösselsprung des Schachspiels kann man geheime Botschaften verschlüsseln. Schachunkundige finden obenstehend das Schema abgebildet, wie sich das Rössel – auch Springer genannt – auf dem Schachbrett bewegt. Von seiner Position ○ aus kann es beliebig eines der acht ● Felder besetzen.

Genauer gesagt: Das Rössel setzt sich von seiner jeweiligen Stellung im Schachbrett über das in gerader Richtung liegende Nachbarfeld auf das links oder rechts schräg anstoßende folgende Feld ab.

Je nach Anzahl der Buchstaben des Geheimtextes wird man für seine Botschaft die Größe des „Schachbrettes" wählen. Vier Größen gibt es: Das 25er (= 5 x 5), das 36er (= 6 x 6), das 49er (= 7 x 7) und das 64er (= 8 x 8) Schema. Auch hier empfiehlt sich Kästchenpapier für den Entwurf des Geheimtextes zur 1. Verschlüsselung.

Wenn du die vier Zahlenschemata ansiehst, wird dir sofort auffallen, daß in jedem Schema die höchste Zahl mit der Anzahl der Felder übereinstimmt. Das ist kein Zufall. Denn du kannst auf jedem Schema so viele Rössel-sprünge machen, wie Einzelfelder vorhanden sind. Nur verlaufen diese Sprünge in jedem Schema anders, die Reihenfolge wechselt. Das muß man sich entweder merken oder die Schemata immer bei sich haben.

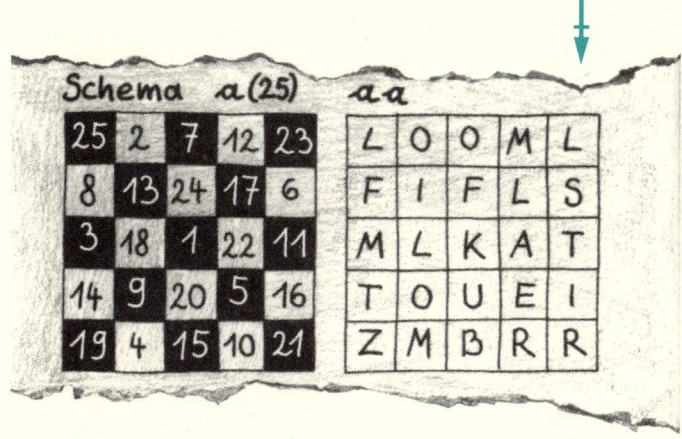

Schema a (25)

25	2	7	12	23
8	13	24	17	6
3	18	1	22	11
14	9	20	5	16
19	4	15	10	21

aa

L	O	O	M	L
F	I	F	L	S
M	L	K	A	T
T	O	U	E	I
Z	M	B	R	R

Anwendung: Lautet der Text deiner geheimen Botschaft so:

KOMME SOFORT

MIT BILL ZU RALF. L.

dann zähle zuerst die Buchstaben. Es sind 25, also reicht Schema a (25) aus. Nun verschlüssele in der Reihenfolge der Zahlen 1 bis 25 den Geheimtext. Der verschlüsselte Text (aa) liest sich dann, reiht man ihn Zeile für Zeile aneinander, so:

LOOML FIFLS MLKAT

TOUEI ZMBRR

○—► Die fünfstelligen Buchstabengruppen sagen dem Partner sofort, daß er das 25er-Schema zum Entschlüsseln anwenden muß. Da er das Schema kennt, muß man den Anfang der Botschaft nicht eigens kenntlich machen. Auch er beginnt bei 1.

Lautet der Text: **KOMME MIT BILL UND**
LAMPE UM SIEBEN
ZU RALF. LX.

bringt man diese 35 Buchstaben durch einen Faulen (X) auf 36 und kann das Schema b (36) füllen, und zwar in der gleichen Weise wie zuvor. Verschlüsselt liest er sich in einer Zeile so: **EBAFLI MLMELL**
EMPISL XMNUAD IEKUBM
OZTUNR

Der Empfänger weiß sofort, die sechsstelligen „Wörter" richtig zu deuten und kann sie entschlüsseln.

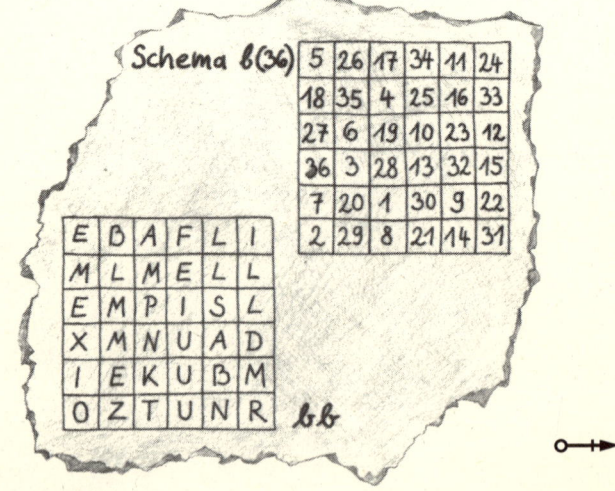

○—►

Hat man mehr als 36 Buchstaben, kann man das 49er-Schema wählen. Man kann auch zweimal das Schema a (25) nehmen und 50 Buchstaben unterbringen. Die leeren Felder immer mit Faulen füllen, auch mal mitten im Text, wenn keine Verwechslung den Sinn entstellen kann.

 TIP

Wer die Schemata a bis d immer bei sich hat, tut gut daran, sie in irgendeiner beliebigen, sinnvollen Weise zu verschlüsseln, zum Beispiel in der Zahlenfolge von einem Gedichtanfang aufzuschreiben.

Schema c (49)

3	24	13	46	33	22	11
14	47	2	23	12	45	32
25	4	39	34	37	10	21
48	15	36	1	40	31	44
5	26	41	38	35	20	9
16	49	28	7	18	43	30
27	6	17	42	29	8	19

Schema d (64)

50	11	24	63	14	37	26	35
23	62	51	12	25	34	15	38
10	49	64	21	40	13	36	27
61	22	9	52	33	28	39	16
48	7	60	1	20	41	54	29
39	4	45	8	53	32	17	42
6	47	2	57	44	19	30	55
3	58	5	46	31	56	43	18

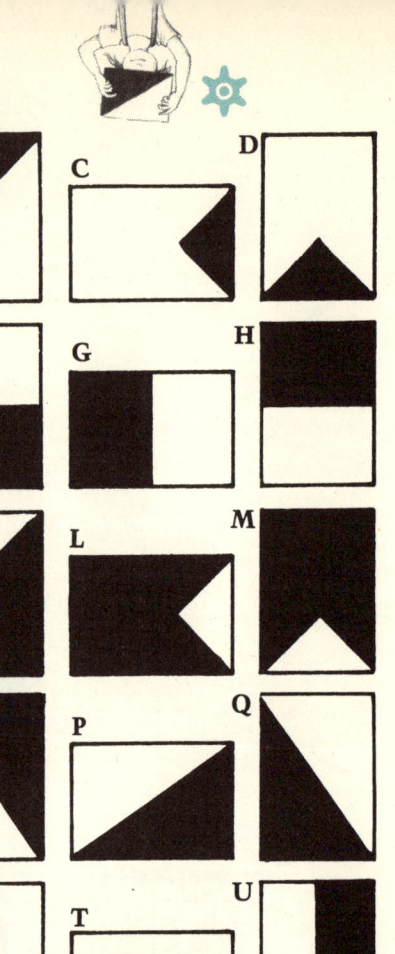

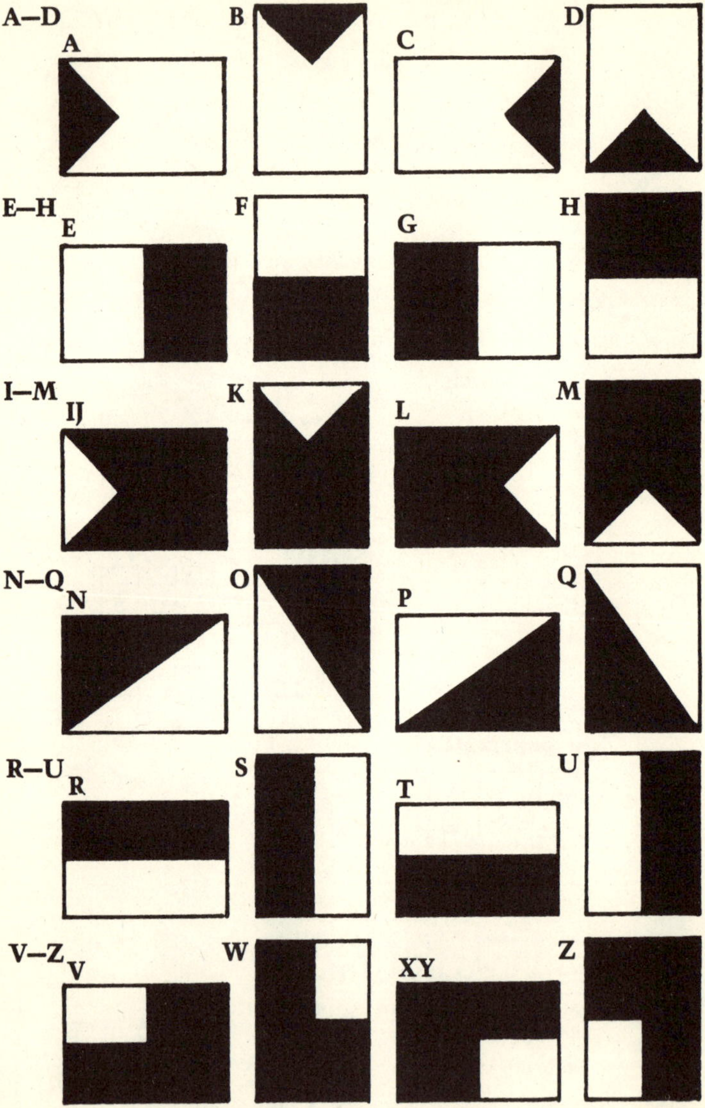

A—D
A B C D

E—H
E F G H

I—M
IJ K L M

N—Q
N O P Q

R—U
R S T U

V—Z
V W XY Z

Hallo Käpt'n ...

Heute noch geht die Verständigung von Schiff zu Schiff auf Sichtweite mit optischen Signalen vor sich. Wir machen es ebenso, wenn ein Schriftverkehr nicht möglich ist, der Partner sich aber in Sichtweite befindet. Da kaum jemand Signalflaggen im Haus hat, fertigt ihr sie selber an.

Anwendung: Am einfachsten geht's, wenn wir das Alphabet um zwei selten gebrauchte Buchstaben verringern auf 24 Teile (IJ und XY gelten je als ein Teil). Wir brauchen 3 gelbe Kartons in der Größe von 20 x 30 cm. Die Zeichen (Alphabet) legen wir so an, daß jede Seite eines Kartons zugleich für 4 fortlaufende Buchstaben gilt, wenn man sie viermal dreht. Verwenden wir die Rückseiten der Kartons auch für je 4 Buchstaben, sehen die 6 Kartonseiten so aus (Abbildung links). Die Farbzusammenstellung Schwarz auf Gelb ist am weitesten sichtbar. Wir wählen einfache geometrische Zeichen für unsere Signale und malen sie exakt auf die Tafeln. Auf die Rückseiten schreiben wir jeweils – in immer die gleiche Ecke – den Buchstaben, der für die Gegenseite gilt.

67

Auch nachts kann man mit Signalen Zeichen geben, wenn man sie mit einer Taschenlampe bestrahlt und abgeblendetes Streulicht einstellt.

Um geschickt signalisieren zu können, bedarf es einiger Übung. Übe vor dem Spiegel. In einer Schultasche lassen sich die Kartons leicht und unauffällig unterbringen, auch während du signalisierst. Vergiß nicht, mit deinem Partner die Winkzeichen vorher zu vereinbaren: Arm heben bedeutet: Verstanden! Arm hin und her schwenken: Nicht verstanden, wiederhole! Oder ähnlich. Nachts muß er die bestimmten Zeichen mit der Taschenlampe geben. Dann klappt's!

Hallo Käpt'n ...

Geheimbuch-
stabensalat

Ohne Hilfsmittel ist diese Schrift nur mit großer Mühe zu entziffern. Wer also keine drei Brillen aufsetzen möchte, schlage nach auf Seite 158. Dort findest du die Schablone 2. Wenn du sie sorgsam ausgeschnitten hast, lege sie Zeile für Zeile auf (jeweils an den Dreiecken ansetzen). Dann kannst du den Text lesen. In vier Zeilen steht eine geheime Botschaft. Du brauchst dir nichts zu merken, auch nichts zu lernen. Nur das Lesen läßt sich nicht umgehen!

Schach dem Tyrannen

Wichtigste Regel:

**Die 1. Ziffer zeigt
die waagerechte Zeile an.
Die 2. Ziffer zeigt
die senkrechte Spalte an.**

	1	2	3	4	5
1	A	B	C	D	E
2	F	G	H	IJ	K
3	L	M	N	O	P
4	Q	R	S	T	U
5	V	W	X	Y	Z

Vor über 2000 Jahren ver-
schlug es den angesehenen
griechischen Geschichts-
schreiber Polybios mit noch
1000 vornehmen Geiseln in
die Gefangenschaft nach
Rom. Hier im Feindesland
schien ihm äußerste Vor-
sicht geboten für seine Stu-
dien und Aufzeichnungen.
Klartexte in Tyrannenhand?
Na, dann gute Nacht! Um
den Nachstellungen durch
den Tyrannen Schach zu

**Für A gilt 11,
für O gilt 34,
für R gilt 42.
HAUS liest sich:
23 11 45 43**

bieten, verfiel er auf das Schachspiel. Er legte es nach diesem Schema an (a) und verschlüsselte so mit Erfolg seine Texte: Jeder Buchstabe des Alphabetes wird durch eine zweistellige Ziffer benannt, die sich aus der Stellung des Buchstabens innerhalb des Schemas (siehe Seite 71) ergibt.

Ganz nett, dachte sich Polybios, aber zu durchschaubar. Er tüftelte weiter und verwürfelte das Alphabet in die 25 Felder des Schachbretts. Das sieht nun so aus, wie (b) es zeigt:

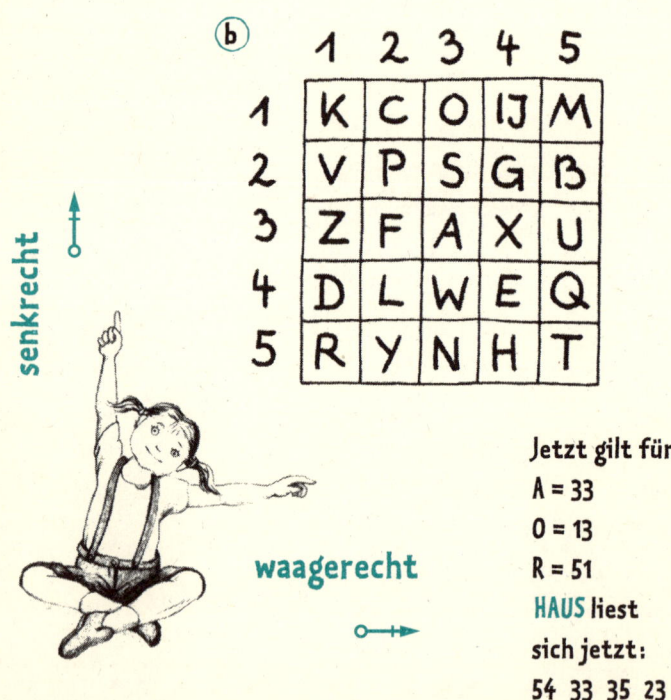

senkrecht

waagerecht

Jetzt gilt für
A = 33
O = 13
R = 51
HAUS liest
sich jetzt:
54 33 35 23

Sicher ist sicher, dachte sich Polybios, einen gewaltsamen frühen Tod einkalkulierend, und ging noch einen Schritt weiter. Er verwürfelte auch die Ziffern für die Numerierung der Zeilen und Spalten (c).

Zwar wird der gesuchte Buchstabe nicht mehr so schnell aufgefunden wie zuvor, doch trotz dieses kleinen Nachteils ist die Sicherheit fast komplett geworden. So war es auch. Polybios kehrte eines schönen Tages ungeschoren in sein geliebtes Hellas zurück. o—▶

(c)

	2	5	1	3	4
3	K	C	O	IJ	M
2	V	P	S	G	B
5	Z	F	A	X	U
4	D	L	W	E	Q
1	R	Y	N	H	T

Jetzt gilt für
A = 51
O = 31
R = 12
HAUS =
13 51 54 21

73

Wir tragen noch einen kleinen Schönheitsfehler nach: die Ziffern von 6 bis 0 sind noch nicht enthalten. Wir schreiben sie – ebenfalls verwürfelt – an den rechten und unteren Rand des Schemas, das damit komplett ist (d). Abgelesen wird so: Wo 1 waagrecht und 1 senkrecht zusammentreffen, steht der Buchstabe N – er gilt für die Ziffer 1; für 9 gilt in gleicher Weise B, für 5 = F und so weiter.

Wir merken uns: Für einen Buchstaben stehen zwei Ziffern, für eine Ziffer steht ein Buchstabe. Lautet deine Botschaft etwa:

so sieht sie nach dem Schachbrett-Verfahren verschlüsselt so aus:

	2	5	1	3	4	
3	K	C	O	IJ	M	6
2	V	P	S	G	B	9
5	Z	F	A	X	U	0
4	D	L	W	E	Q	7
1	R	Y	N	H	T	8
	8	6	0	7	9	

Die Niederschrift erfolgt in Viererblocks. Zur Tarnung kann man auch eine andere Gruppierung vereinbaren. Das Schema auswendig zu lernen, wird schon deshalb nicht nötig sein, weil man es tunlich häufig wechselt, vor allem die Numerierungen. Darum muß man das Schema bei sich haben. Wichtig ist nur die feste Merkregel:

Die 1. Ziffer waagerecht ○——▸

Die 2. Ziffer senkrecht ↥

Spartanisch

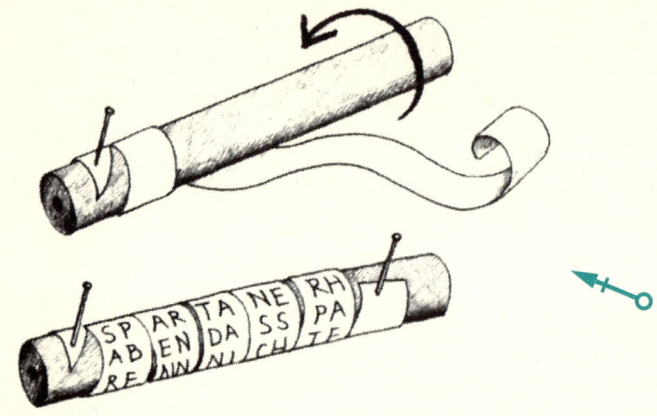

Wer je etwas über „spartanische Erziehung" gehört hat, den verwundert es nicht, wenn Stöcke eine empfindliche Rolle dabei spielen. Ob den Spartanern zugleich eingefallen war, daß Stöcke auch eine Rolle für Geheimschriftverfahren übernehmen könnten, ist nicht überliefert. Das Verfahren hingegen schon.

Sie nahmen einen Stock (= Skytala), rollten um ihn herum einen schmalen Papierstreifen und beschrieben ihn mit einer Botschaft.

Erhielt der Empfänger solch einen Streifen, rollte er ihn um seinen Stock von gleicher Stärke und konnte die Botschaft ablesen. Man brauchte keinen Schlüssel, nur die Stärke des Stockes mußte man vereinbaren.

Als Stock genügt ein Paketträger, den es in den meisten Haushalten gibt (Ø etwa 15 mm, Länge etwa 8 cm). Den Papierstreifen 1 cm breit und etwa 30–40 cm lang abschneiden. Das eine Ende des Streifens wird schräg zugeschnitten, so daß die Spitze 4 cm lang ist und der Streifen sich wie eine Spirale um das Holz wickeln läßt. Die Papierspitze mit der geraden Kante links am Stock mit einer Stecknadel befestigen, das Papierband um den Stock herumrollen und das Ende ebenfalls mit einer Stecknadel befestigen.

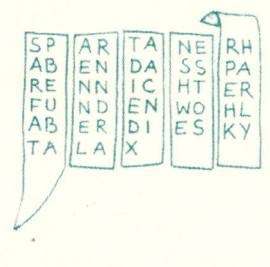

Lautet die Botschaft:

SPARTANER HABEN
DAS SPAREN NICHT
ERFUNDEN, WOHL
ABER DIE
SKYTALA. X.

beschreiben wir den Streifen von links nach rechts in voller Länge des Stockes. Das heißt, wir schreiben immer volle Zeilen. Auf eine Streifenbreite höchstens zwei Buchstaben schreiben, mehr wäre verräterisch. Auf dem beschriebenen Streifen, legen wir ihn – abgerollt – der Länge nach vor uns hin, lesen wir von oben nach unten (in 5 Zeilen):

RHPAERHLKY
NESSHTWOES
TADAICENDIX
ARENNNNDERLA
SPABREFUABTA.

Gelangt ein solcher Streifen in die Hände eines Fremden, der sich mit diesem Verfahren auskennt, könnte er unschwer die Botschaft entziffern. Er brauchte nur die 5 Teile abzuschneiden, sie nebeneinanderzulegen (siehe kleine Abbildung Seite 77) und erführe alles. Also Vorsicht!

Ratsam ist eine Überschlüsselung mit einem einfachen Verfahren. Zum Beispiel so: Man nimmt die ersten 8 Buchstaben des Alphabets, verwürfelt sie zu einer neuen Reihenfolge. Aus A B C D E F G H wird F E C H B A G D. Diese neue Reihe schreibt man fortlaufend unter den Skytalatext, den man in Gruppen zu 8 Buchstaben unterteilt hat:

1
R H P A E R H L
F E C H B A G D

2
K Y N E S S H T
F E C H B A G D

3
W O E S T A D A
F E C H B A G D

4
I C E N D I X A
F E C H B A G D

5
R E N N N N D E
F E C H B A G D

6
R L A S P A B R
F E C H B A G D

7
E F U A B T A X
F E C H B A G D ○—→ **X ist ein Fauler**

Verschlüsselt wird nun so, daß jede Gruppe für sich wieder nach der gewohnten Reihenfolge des Alphabets geordnet wird, also:

1
R E P L H R H A
A B C D E F G H

2
S S N T Y K H E
A B C D E F G H

3
A T E A O W D S
A B C D E F G H

4
I D E A C I X N
A B C D E F G H

5
N N N E E R D N
A B C D E F G H

6
A P A R L R B S
A B C D E F G H

7
T B U X F E A A
A B C D E F G H

Diese Geheimschrift erhält der Freund. Da alle Einzelheiten zuvor festgelegt wurden, kann er sofort mit dem Entschlüsseln beginnen, das im umgekehrten Sinn vor sich geht.

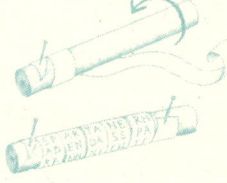

Entschlüsseln: Der Partner schreibt unter den Geheimtext fortlaufend die Buchstabenreihe F E C H B A G D und bringt alle Buchstaben wieder an ihren alten Platz zurück, angefangen bei Gruppe 1:

REPLHRHA   RHPAERHL
FECHBAGD = ABCDEFGH

und so weiter bis zur Gruppe 7. Das Ergebnis ist der Text, wie er auf dem Papierstreifen steht. Der Freund hat ebenfalls einen Papierstreifen und beschriftet ihn von oben bis unten (wo die Papierspitze ist). Dann rollt man den Streifen um den Stock und kann die geheime Botschaft im Klartext ablesen.

Wer seinem Partner eine Hilfe geben will, gibt ihm am Ende seines Textes mit einer Ziffer die Anzahl der vollen Zeilen seiner Botschaft bekannt. Das ist ganz unverfänglich. Der Vorteil: Man kann den Text schon auf dem Papierstreifen besser einteilen, so daß er – nach dem Aufrollen auf dem Stock – zeilenweise abzulesen ist.

Das Beste:
Ein eigenes
Alphabet

Wer seine ganz persönliche Geheimschrift haben will, unverwechselbar und schwer zu entziffern (für Fremde), macht sich sein eigenes Alphabet. Auf diese Weise: Unser Alphabet zählt 26 Buchstaben. Auf fünf Selbstlaute kommen 21 Mitlaute. Bei diesem Mißverhältnis kann man fast keinen „vernünftigen" Satz bilden, in dem jeder Buchstabe nur einmal vorkommt. Nimmt man aber die Umlaute ä, ö und ü hinzu, gelingt ein Satz besser. Es soll ja ein merkbarer Abc-Schlüssel entstehen, der sich fest einprägen läßt, damit man ihn auswendig so anwenden kann wie das gewohnte und geläufige Alphabet.

Bilde nun einen Merksatz! Verwende dazu Schwammwörter. Das sind solche, die mit geringem Vokalaufwand viele Mitlaute aufsaugen (wie schmeckt, bringst, Frosch, Strumpf, schrumpft). Mit solchen Wörtern läßt sich ein sinnvoller, merkbarer Satz bilden, der aus nur 29 Buchstaben besteht. Jeder Buchstabe kommt nur einmal vor.

Mit einem Merksatz im Kopf brauchst du keinen Schlüssel mit dir herumzutragen; denn du hast zugleich eine neue Buchstabenfolge erfunden, die vom gewohnten Abc abweicht und die außer dir kein anderer verwendet. Sehr wertvoll und wichtig!

Schreibe über den Merksatz das gewohnte Abc. Unter den Satz notiere die Ziffern 1 bis 29. Dann kannst du deine geheimen Botschaften mal mit Buchstaben, mal mit Ziffern verschlüsseln.

Drei **Beispiele:**

A Ä	B	C	D	E	F	G	H	I	J	K	L	M	N	O Ö	P	Q	R	S	T	U Ü	V	W	X	Y	Z
1	J O B Ö G	Q U A X K	Ä M P F T	V Ü L I N	D E R S C	H W Y Z
2	P O C H V	E R J Ü N	G T I M B	A D Z W Ö	L F K Ä S	Q U Y K
3	X A V E R	J Y G Ü H	M O P S T	Z W Ö L F	Q U I C K	B Ä N D

1 2 3 4 5 6 7 8 9 10 11 12 13 14 15 16 17 18 19 20 21 22 23 24 25 26 27 28 29

Die verschlüsselten Buchstaben schreibt man zur Tarnung in Fünfergruppen auf. Für den Empfänger ist das auch übersichtlicher. Jetzt kann jeder, der sich an das obige Beispiel 1 hält, die folgende Botschaft leicht entziffern. Wie lautet sie?

FVLDF KEFVU JZRMJ NPGRN ÖXAQB NJTTE

RTBQG KTAED ÖXHQK AQTNS ÖMMQX NFVNA QTBVB

Vokalschrift

Wie man bei der Ziffernschrift alle Buchstaben durch Ziffern ersetzt, so bei der Vokalschrift durch Vokale (Selbstlaute). Ein Buchstabe besteht aus zwei Vokalen. Als Merkregel gilt:

Der 1. Vokal
bedeutet die Spalte

Der 2. Vokal
bedeutet die Reihe

UI = P

Will man das Wort PAUL verschlüsseln, sucht man in der Tabelle 1 nach dem 1. Buchstaben = P. Er befindet sich in der letzten Spalte der 3. Reihe. Gehst du in dieser Spalte nach oben, findest du das U als 1. Vokal. Gehst du in der 3. Reihe nach links, findest du als 2. Vokal das 1. P = UI. So machst du es mit allen Buchstaben. Aus PAUL wird: UI AA UO AI. Fremde machen wir durch getrennte Schreibweise irre und schreiben so: UIA AU OAI.

Fremde sollen sich ruhig den Kopf zerbrechen, darum gehen wir einen Schritt weiter und verwürfeln das Alphabet. Jetzt sieht die Chiffre so aus wie in Tabelle 2. Das Wort PAUL liest sich IU EE OU UU oder IUE EO UUU.

Doch wir machen Fremden das Leben noch schwerer. Damit wir um so sicherer sein können, daß unsere Botschaften geheim bleiben, verwürfeln wir auch die Reihenfolge der Vokale in den beiden Suchlinien oben und links wie in Tabelle 3. Aus PAUL wird IO OA UO AO oder IOO AU OAO.

Die Vokalchiffre hat den Vorteil, daß man sie mit wenig Aufwand ständig verändern kann. Zum Beispiel die beiden Vokalreihen. Lautet die Suchlinie in 3 oben: E O I U A, so setzt man einfach das A an den Anfang: A E O I U. Dann wird die Stellung des A verändert, nicht aber die Reihenfolge der Vokale. Merke: Grundsätzlich wird diese Reihenfolge nie verändert. Ebenso kann man die Stellung der Vokale in der Suchlinie links ändern und – zum Beispiel – das U vor das A setzen. Dann lautet sie U A E I O. Das verwürfelte Alphabet bleibt unverändert. Nach der neuen Tabelle 4 sieht PAUL jetzt so aus: OOE AI OUO.

Umstellungen der Vokalreihen muß man seinem Freund sofort anzeigen. Man setzt an den Anfang seiner Botschaft einen „Weiser", das sind die beiden Vokale, mit denen Spalte und Reihe beginnen, hier A und U. Der Text: „Brief folgt. Hans." wird so notiert:

AU EU AO AI UA OU OU OE UO EI IE AA EA UI UU

und in der geübten Schreibweise so verschickt:

AUE UAOA IU AOUOUO EUOE II EAAE AUIUU

Bedauern wir alle Fremden, die damit etwas anfangen wollen!

Entschlüsselt wird in umgekehrter Weise. Hat dein Partner die Botschaft richtig erhalten, teilt er den Geheimtext in Buchstabenpaare ein, indem er hinter jedem 2. Buchstaben einen senkrechten Strich macht. Dann sieht der Text übersichtlicher aus:

IAUIE UIAOIA IIU AIOUIOUIO EIUOIE III EIAAIE AIUIIUUI

Das erste Paar AU verrät ihm, mit welchen Vokalen die Suchlinien oben und links beginnen. Alle folgenden Vokalpaare enthalten den Text. Jeweils der **1.** Buchstabe wird in der waagerechten Vokalreihe (oben) gesucht, der **2.** in der senkrechten Vokalspalte (links). Wo beide Linien sich schneiden, befindet sich der gesuchte Klartext-Buchstabe, der notiert wird (Tabelle 4)

4	A	E	O	I	U
U	X	ß	F	M	S
A	H	A	W	Q	E
E	V	Y	O	T	C
I	IJ	G	Z	K	N
O	R	D	P	U	L

Wer dieses Verfahren noch undurchsichtiger machen will, setzt in den Vokaltext willkürlich Konsonanten und Ziffern ein. Das verwischt den Eindruck, daß es sich um die Vokalschrift handelt. Das Wort PAUL kann man dann so lesen: OKO LENA LIDO MUSTOL. Der Partner kennt sich aus und entschlüsselt nur die Vokale, alles andere streicht er weg.

87

Dechiffrieren
– eine mühevolle Kunst

Entziffern von verschlüsselten Geheimbotschaften erfordert drei Dinge: Geduld, Geduld und Geduld. Wenn es für das Erfinden von Geheimschriften zwei eiserne Regeln gibt – so einfach wie möglich zu schreiben (für Freunde), so kompliziert wie möglich zu entziffern (für Fremde) –, ahnt der Dechiffrierer bereits, was ihm blüht.

Denn alles, was die Geheimschrift erleichtert, muß das Dechiffrieren erschweren. Wer sich eines Codes bedient, will „unleserlich" bleiben, und er wird ein eigenes System austüfteln, das immer auch veränderlich ist, wenn es sein muß sogar täglich. Es wird also fast unmöglich sein, eine gute Geheimschrift so ohne weiteres zu entschlüsseln.

Dennoch gibt es eine Menge geschickter Leute, die – sogar im Hauptberuf – Geheimschriften mit Erfolg entschlüsseln. Was sie – außer vor allem der Kenntnis aller Schlüssel und Systeme und deren Variationen – als Rüstzeug unbedingt brauchen, sind einige Tugenden wie Übung, Phantasie, Beharrlichkeit, Konzentrationsfähigkeit und Kombinationsgabe. Mit der Zeit läßt sich das alles bis zu einem gewissen Grad erlernen. Nur: Verbindliche Regeln für das Dechiffrieren lassen sich nicht aufstellen. Da ja nicht jedes System nach dem gleichen Schema angelegt wird, können nur einige Faustregeln helfen. Der Rest ist Glückssache – eine üppige Portion!

Wie geht man vor beim Dechiffrieren? Zuerst einmal die Geheimschrift im Text überlesen und gleichzeitig feststellen, nach welchem Schema das System angelegt ist. Entspricht der Geheimtext etwa den Buchstaben und Wörtern des Klartextes, wird der Entschlüssler mit Hilfe der Buchstabenhäufigkeit in kurzen Wörtern und Wortteilungen schnell die wichtigsten Vokale herausgefunden haben. Er kann sie nun in längere Wörter einpassen und durch Probieren allmählich die häufigsten Konsonanten ermitteln.

Das muß genauer erklärt werden. In jeder Sprache kann man die Buchstaben nach der Häufigkeit ihres Gebrauchs aufreihen. Diese Reihe entspricht im Deutschen nicht dem gewohnten Abc, sie lautet vielmehr: ENRSITALUDOGHCBMFPWKVZYJXQ. Es ist gut, sich diese Reihe zu merken, weil sie eine wichtige Hilfe beim Entschlüsseln ist.

Durch vieles aufmerksames Überlesen von Texten aller Art weiß der Dechiffrierer, wo Doppelvokale und -konsonanten stehen können und wo nicht. Er weiß, daß Wörter nur mit zwei a beginnen können (Aal, Aas), niemals aber mit zwei anderen gleichen Buchstaben. Doppelkonsonanten finden sich am Ende eines Wortes, nie am Anfang (Schiff, Bett, Schall, Bann, Nepp, Narr). Es gibt eine Menge Buchstabenverbindungen, die häufig vorkommen: pf, tz, ß, (ss), st, ck, ng, ch, ft, sch. Dazu gehören auch die Konsonantenverdopplungen: bb, ff, ll, mm, nn, die dem geübten Auge sofort auffallen.

Wie die Häufigkeit von Einzelbuchstaben kann man auch die von Verbindungen abzählen. Regelmäßig treten auf: en, er, ch, de, ge, ei, und so weiter; ung, heit, keit, tion, schaft, tum, nis, lauf sind typische deutsche Hauptwort-Endungen. In dieser Weise kann man ganze Bücher von Buchstabenverbindungen füllen, um den Geheimtext immer enger und enger einzukreisen.

Um die letzte Jahrhundertwende hat sich ein Abzählteam das Riesenpensum vorgenommen und 5,2 Millionen Wörter mit 20 Millionen Silben aufgegliedert. Davon waren 2,1 Millionen Vorsilben, 11,7 Millionen Stämme und 6,2 Millionen Nachsilben. Von 100 000 Wörtern waren die häufigsten: der, die, und, ein (mit allen ähnlichen Formen wie einer usw.) in, zu, den, das, nicht, ich. Einer allein kann das nicht ermitteln, soll er auch nicht.

Bei uns pflegt man das Datum an den Anfang einer Botschaft zu setzen, gleich welcher. Für den Dechiffrierer ist das ein Glücksfall; denn er kann aus den verschleierten Ziffern sofort das zugrundeliegende System erkennen und hat ein leichteres Arbeiten. Das Datum, wenn überhaupt, gehört nicht an den Anfang. Auch die üblichen Anreden sind hier zu vermeiden, weil auch sie Hinweise geben. Zum Dechiffrieren empfehlen sich immer Raster- oder Kästchenpapiere, damit kein Zeichen übergangen wird. Gerade bei jenen Systemen, wo die Zeichen zu fünft oder sechst oder mehr aufgereiht sind, kann ein wichtiges Zeichen entfallen, so daß der Rhythmus nicht mehr stimmt. Ein kluger Dechiffrierer wird den geheimen Text zuvor auf Kästchenpapier übertragen. Vorsicht auch bei Rastertexten! Das sind solche, deren Zeilen immer die gleiche Menge an Buchstaben zählen. Hier muß die Schreibweise nicht – wie üblich – von links nach rechts erfolgt sein. Sie kann auch umgekehrt, von rechts nach links, oder von oben nach unten, oder von unten nach oben verlaufen. Es gibt Geheimtexte, bei denen die Zeilen oder Spalten versetzt sind. Das bedeutet, daß man den zeilenweise geschriebenen

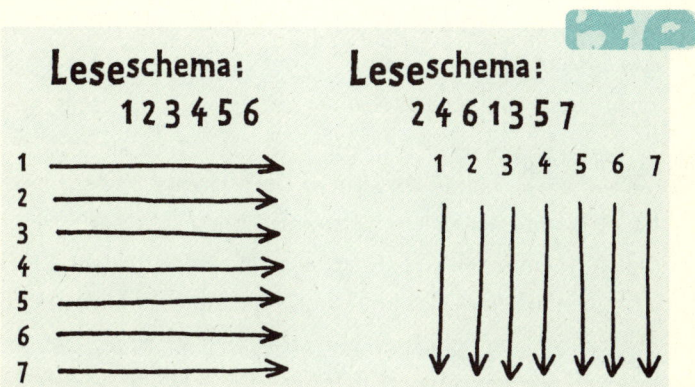

Text nicht wie gewohnt Zeile für Zeile von oben nach unten zu lesen hat, sondern – siehe Schema – zuerst die ungeraden Zeilen, dann die geraden.

Falls so etwas der Fall ist, wird das Schema von Fall zu Fall gewechselt, was man seinem Partner kundtun muß, und zwar am Anfang der Botschaft durch ein Schlüsselzeichen (Sigel), das nicht zum Text selbst gehört. Der Dechiffrierer darf es nicht übersehen.

Wer ernsthaft dechiffrieren will, kann auf Hilfsmittel nicht verzichten. Zum Beispiel dieses Buch; wer alle Verfahren verstanden hat, ist dem Ziel bereits nähergekommen, und er kann als ersten Erfolg das verwendete System ausmachen. Erst dann beginnt das aufregende Abenteuer des Entschlüsselns. Wer es gewinnt, darf sich ein großes Kompliment machen. Er soll aber nicht in den Fehler verfallen, den Schlüssel preiszugeben, gar dem, der die entlarvte Schrift anwendet. Er will ja noch mehr Geheimes erfahren und muß sich also dumm stellen. Andernfalls wird das System sofort gewechselt, und für ihn geht das Kopfzerbrechen von vorne los.

Hauptberufliche Dechiffrierer bedienen sich heute raffiniertester Dechiffriermaschinen, die sogar zehnmal überschlüsselte Texte im Klartext wiedergeben. Doch ist klar, daß eine Maschine nur entschlüsseln kann, wenn ihr zuvor die Schlüssel eingetrichtert wurden, die der Mensch mühsam ausgetüftelt hat.

Geheimnisse
eines Spitzels

Honoré Gabriel de Riqueti,
Graf von Mirabeau
1749 – 1791

Über den Grafen Mirabeau erfährt man aus dem Lexikon
nur, daß er ein seriöser französischer Staatsmann von ho-
hem Ansehen war, der sich auch einige Zeit in Berlin auf-
gehalten hat. Daß er diese Zeit weidlich nutzte, um den
Hof König Friedrichs des Großen gehörig zu bespitzeln, erfährt man aus dem Lexikon nicht. Doch es stimmt. Er war
ein Bespitzbub und erfand sogar für seine geheimen
Zwecke eine Ziffernchiffre, indem er das Alphabet willkürlich in Gruppen ungleicher Buchstabenanzahl ordnete. Die
Gruppen numerierte er von Mal zu Mal nach Belieben.

Zum Beispiel so:

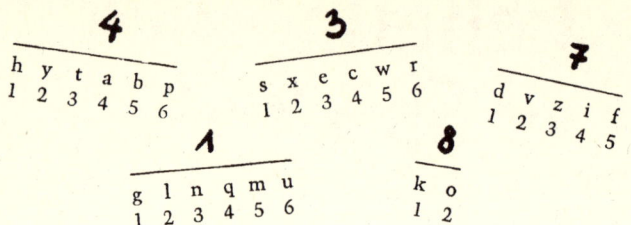

Anwendung: Jeder Buchstabe der Geheimschrift wird aus zwei Ziffern gebildet.
Jeweils die **1.** Ziffer nennt die Stelle innerhalb der Gruppe, jeweils die **2.** Ziffer bedeutet die Nummer der Gruppe.

ABEND lautet verschlüsselt so: 44 54 33 31 17.

Das war dem routinierten Mirabeau freilich nicht sicher genug. Er krempelte die Sache um und ordnete das Alphabet wieder willkürlich nach Gruppen, doch jetzt mit gleicher Buchstabenanzahl, und numerierte sie fortlaufend:

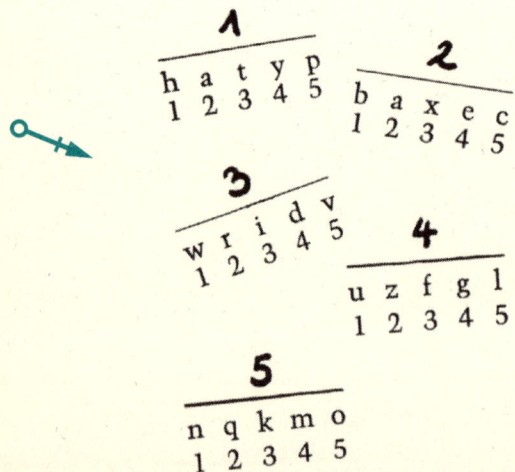

ABEND liest sich nun so:
21 12 42 15 43

Da bei dieser Methode keine höhere Zahl als 55 für einen Buchstaben vorkommen kann (hier für o), was ja auffallen muß, werden die nicht in Erscheinung tretenden Ziffern von 6 bis 0 als Faule zur Irreführung eingestreut.

ABEND = 261 012 492 157 843

Dennoch hat diese Chiffre eine Achillesferse. Sie verrät sich selbst, wenn die Nummernverdoppelungen von 1 bis 5 erscheinen: 11 = h, 22 = a, 33 = i, 44 = g, 55 = o. Also muß man die Irreführung noch steigern, indem man an beliebiger Stelle Buchstaben einfügt. Nun könnte ABEND so aussehen:

20x1 W K9c12 4pF27
1 M5a e43U6

Wenn man beim Entschlüsseln nur die Ziffern 1 bis 5 beachtet und sich überdies fest einprägt, daß für einen Buchstaben immer zwei Ziffern stehen, wobei die **1.** die Stelle des Buchstabens innerhalb der Gruppe, die **2.**

95

die Stellung der Gruppe innerhalb der Reihe bedeutet, dann ist die Verständigung nicht schwer.

Wenn das Verschlüsseln und das Entschlüsseln so einfach vonstatten geht wie hier, empfiehlt es sich, die Faulen zu häufen. Man kann das recht einfach manipulieren durch den Gebrauch von

- unregelmäßiger Groß- und Kleinschreibung,
- römischen Ziffern,
- ganzen Blöcken fauler Ziffern oder
- willkürlicher Zeichen.

Auch sollte man Buchstaben-Trennungen vermeiden. Besser ist: Kurze auf lange „Wörter" folgen lassen. Dann wird die Verwirrung bei Fremden vollkommen sein. Der eingeweihte Freund pickt sich bloß die Ziffern 1 2 3 4 5 heraus, ihn irritiert gar nichts, auch wenn ABEND so vor ihm steht:

2OI+1wK91   2c!dHT4   X%821+§LT7

p5sTIII490873

Gaunerzinken

Der Gemeinsinn unter Bettlern, Landfahrern und Zigeunern findet sichtbaren Ausdruck durch geheime Verständigung mit Hilfe von Gaunerzinken – einer Zeichensprache aus Symbolen (= Wahrzeichen, Sinnbild).

Alle Gefahren und Sicherheiten, Nachteile und Vorteile zeigen sich die immer bedrängten Minderheiten an durch Bekritzeln von Mauern, Zäunen, Toren. Ehrensache für jeden ist es, nur absolut Zuverlässiges zu signalisieren, keinen Kumpel zu täuschen, sondern zu warnen. Wer die Zinken zu lesen weiß, dem können sie ganze Geschichten erzählen.

Und was verkündet diese

Kritzelei?

97

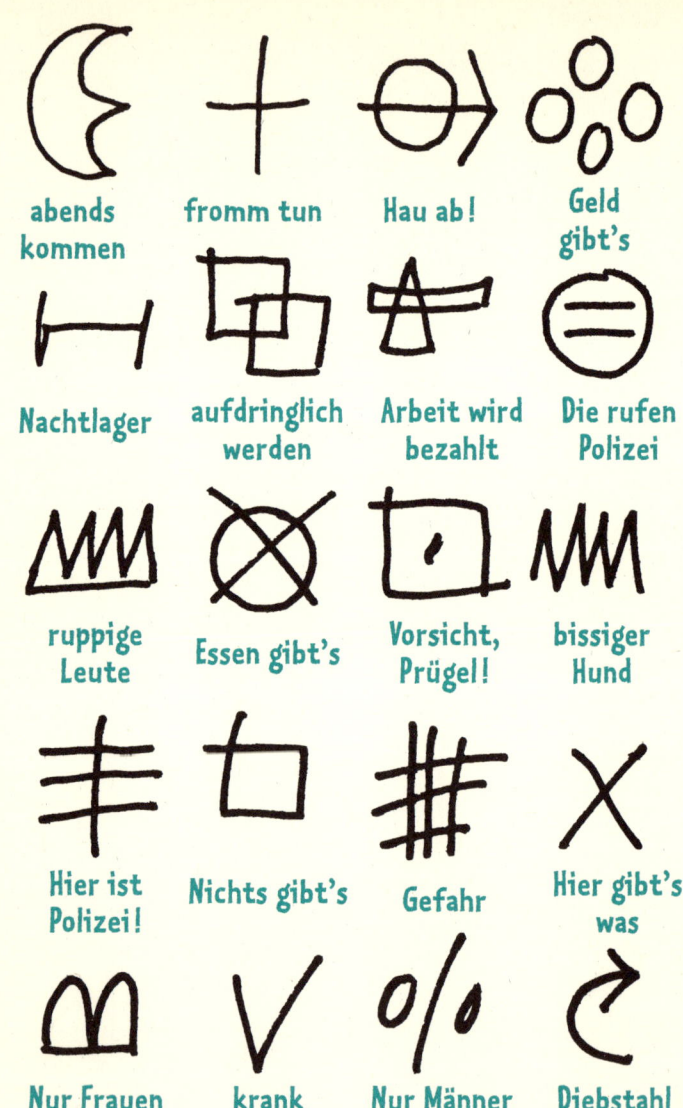

abends kommen

fromm tun

Hau ab!

Geld gibt's

Nachtlager

aufdringlich werden

Arbeit wird bezahlt

Die rufen Polizei

ruppige Leute

Essen gibt's

Vorsicht, Prügel!

bissiger Hund

Hier ist Polizei!

Nichts gibt's

Gefahr

Hier gibt's was

Nur Frauen im Haus

krank spielen

Nur Männer im Haus

Diebstahl günstig

Quadrierter
Schlüssel

Die Engländer sind durch ihre Lebensart als Lehrmeister dafür bekannt, wie man das Angenehme mit dem Nützlichen verbindet. Von ihnen stammt der quadrierte Schlüssel – eine Geheimschrift, die zwei Vorteile hat: leicht zu lesen für Freunde, schwer zu entziffern für Fremde. Außer einem Schlüsselwort muß man sich nicht viel merken. Man muß keinen Schlüssel mit sich führen.

Zuerst legt man für den Schlüssel ein Netzquadrat an mit 5 x 5 = 25 Kästchen. In die obersten Kästchen trägt man ein x-beliebiges Schlüsselwort ein, das möglichst nur aus verschiedenen Buchstaben besteht, zum Beispiel

ZWITSCHERN (a)

Die noch leer gebliebenen folgenden Kästchen füllt man in alphabetischer Reihenfolge mit den übrigen Buchstaben, wobei die des Schlüsselwortes übersprungen werden. I und J kommen in ein Kästchen (b). Hat das Schlüsselwort gleiche Buchstaben, werden die doppelt vorhandenen gestrichen.

Jetzt ist der Schlüssel fertig.

Verschlüsselt wird bei diesem Verfahren nicht – wie bei allen anderen Geheimschriften – der Einzelbuchstabe, sondern das Buchstabenpaar. Warum das so ist, ergibt sich aus der besonderen Verschlüsselungsweise dieser Chiffre.

Angenommen, das Wort MONTAG soll verschlüsselt werden. Zuerst das Wort in Paare einteilen.

MO NT AG

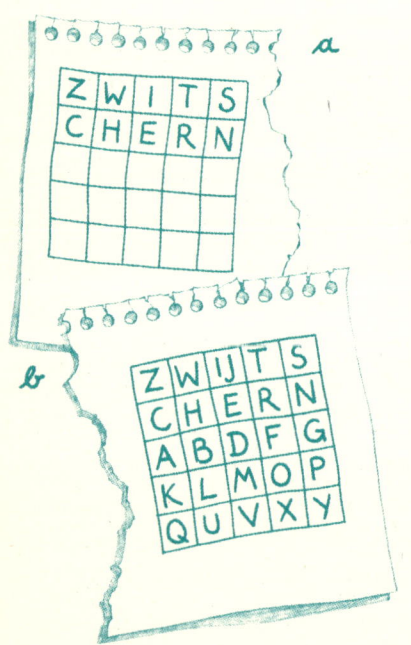

Für das Verschlüsseln der Paare gelten einige Faustregeln, die wir uns fest einprägen müssen, damit das klappt.

Faustregeln

für quadrierte Schlüssel

o—► 1. Stehen beide Buchstaben in der gleichen Reihe, gilt jeweils ihr rechter Nachbar als Schlüsselbuchstabe.

o—► 2. Stehen beide Buchstaben in der gleichen Spalte, gilt der jeweils darüberstehende als Schlüsselbuchstabe. Steht ein Buchstabe in der obersten Reihe, ist sein Sigel in der untersten Reihe (CZ wird ZQ, XT wird OX).

o—► 3. Steht ein Buchstabe in der rechten Randspalte, steht sein Schlüsselbuchstabe in der linken (weil man sich das Netzquadrat als Rolle vorstellen muß, wobei die rechte Kante an die linke stößt und die obere an die untere).

o—► 4. Stehen beide Buchstaben in verschiedenen Reihen und Spalten (wie etwa N und M), ergänzt man in Gedanken diese beiden Buchstaben zu einem Viereck, in dessen gegenüberliegenden Ecken sie stehen. In den beiden anderen gegenüberliegenden Ecken stehen E und P, die auch ihre Schlüsselbuchstaben sind.

o—► 5. Wo im Klartext Doppel- oder dreifach gleiche Buchstaben auftreten, auch zwischen zwei Wörtern, werden sie immer durch Faule getrennt (Balletttruppe = Balxletytz-truppe, die Ente = diex Ente).

Verschlüsseln: Beginnen wir mit dem Wort MONTAG oder MO NT AG. M und O stehen in der gleichen Zeile. Es gelten ihre rechten Nachbarn O und P als Schlüsselbuchstaben. N und T stehen in verschiedenen Reihen und Spalten. Sie werden ergänzt zu einem Viereck mit R und S, die auch ihre Schlüsselbuchstaben sind. A und G befinden sich wieder in der gleichen Reihe, also gelten ihre rechten Nachbarn: für A gilt B, für G gilt – weil es in der rechten Randspalte steht – der entsprechende Buchstabe in der linken Randspalte, also A.

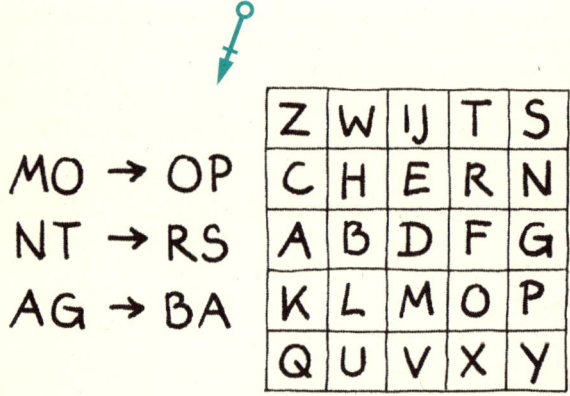

In welcher Ordnung man die Geheimschrift niederschreibt, ob in „Wörtern", Gruppen oder sonstwie, das bleibt jedem selbst überlassen. Da das Entschlüsseln in jedem Fall nur mit Buchstabenpaaren vor sich geht, kann man auch die gewohnten 5er-Gruppen ohne Gefahr beibehalten. Mit dem Freund muß man nur das Verfahren selbst vereinbaren und das wichtige Schlüsselwort.

MONTAG lautet jetzt OPRSBA.

Z	W	IJ	T	S
C	H	E	R	N
A	B	D	F	G
K	L	M	O	P
Q	U	V	X	Y

S → T
R → N
A → G
B → A
O → M
P → O

Entschlüsseln: Aufgepaßt! Alle Merksätze für das Ver-schlüsseln gelten für das Entschlüsseln im umgekehrten Sinne. Für rechts gilt links, für oben gilt unten, da wir alle Kunstgriffe, die der Verschlüssler zuvor getan hat, jetzt in umgekehrter Richtung, also rückwärts tun müssen.

Wir teilen das Wort OPRSBA zuerst in Paare ein: OP RS BA. Wir suchen O und P in unserem Netzquadrat. Sie ste-hen in der gleichen Reihe, also gelten ihre linken Nachbarn als Klartextbuchstaben: M und O. R und S stehen in ver-schiedenen Reihen und Spalten, also werden sie zu einem Quadrat ergänzt mit N und T, die auch ihre Klartextbuch-staben sind. B und A stehen in der gleichen Reihe. Es gelten ihre linken Nachbarn. Von B ist es A; von A – das in der linken Randspalte steht – ist es G, das in der rechten Randspalte steht. Wir haben ermittelt: MO NT AG oder wie gewohnt

MONTAG als entschlüsselten Klartext.

Diese Geheimschrift erlernt man schnell, während man sie übt. Was anfangs wie Tücke erscheint, ist in Wirklichkeit nur das Anders-Funktionieren gegenüber anderen Verfahren. Aber das ist zugleich ihre große Stärke, durch die sie fast allen anderen Verfahren hoch überlegen ist. Die logischen Regeln prägen sich sofort ein, wenn man mit einfachen Wörtern beginnt und sie ver- und entschlüsselt.

Warnruf

Um diesen Warnruf, der sich auf den ersten Blick nicht zu erkennen gibt, entziffern zu können, bedarf es einiger Phantasie. Doch keine Angst! Das menschliche Auge hat die bewundernswerte Fähigkeit, vorhandene Teile zu den fehlenden so lange hinzuzufügen, bis ein fertiges Ganzes entstanden ist. Plötzlich ist es da. Wie lautet diese Botschaft?

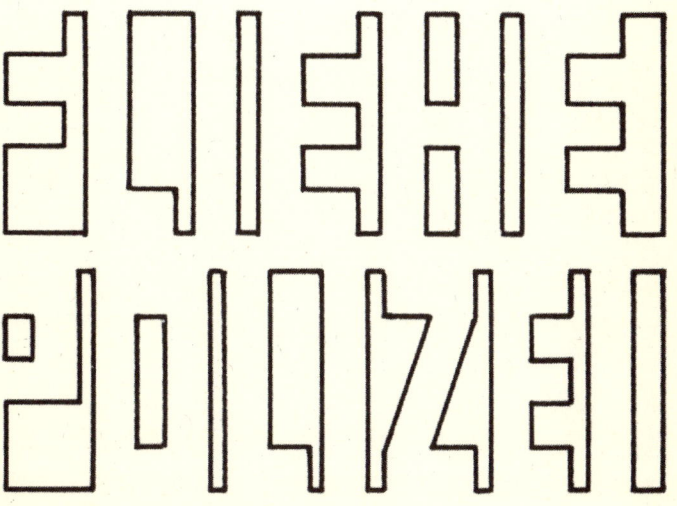

Zeilenschrift

heißt so, weil in allen Zeilen die gleiche Anzahl von Buchstaben steht. Ist die geheime Botschaft kurz, genügen kurze Zeilen; ist sie länger, wählt man längere Zeilen. Zwölf Buchstaben reichen dann aus. Lautet der Text zum Beispiel:

ZWOELF BEINE GEHOEREN DREI HUNDEN. WEM GEHOEREN ABER SECHZEHN BEINE. DAVID

Zuerst werden alle Buchstaben gezählt. Umlaute zählen doppelt, Zahlen schreibt man aus, Satzzeichen zählen nicht. Unser Text zählt 62 Buchstaben. Diese Summe teilt man durch eine Zahl von 8 bis 12 (= Buchstabenanzahl je Zeile), damit man überall nur volle Zeilen erhält. Zum Beispiel: 62 : 8 = 7, Rest 6 Buchstaben. Diesen Rest ergänzt man mit Faulen zur vollen Zeile. Dann ergeben sich 8 volle Zeilen zu je 8 Buchstaben.

Aber da ist noch etwas Wichtiges. Um die Botschaft entschlüsseln zu können, muß der Empfänger unbedingt wissen, wie viele Buchstaben in jeder Zeile stehen. Wir setzen darum an den Anfang des Geheimtextes immer ein Zeichen für den Empfänger – Weiser genannt –, der ihm die Zeilenlänge verrät. Den Weiser ermitteln wir mit diesem einfachen Hilfsschlüssel:

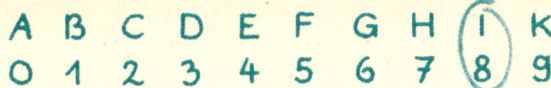

Da in dieser Buchstabenchiffre keine Ziffern auftauchen sollen, ersetzen wir die Ziffer 8 (= Buchstabenanzahl je Zeile) durch den Buchstaben I und schreiben ihn an den Schluß der ganzen Botschaft, weil das der Anfang ist und zuerst gelesen wird.

Nun ist unsere Botschaft fertig und sieht so aus:

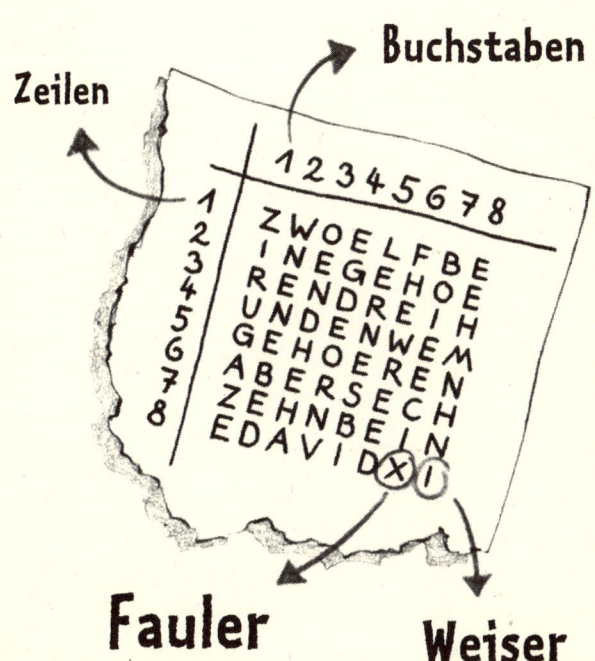

Zeilen

Buchstaben

Fauler

Weiser

In der 8. Zeile der Botschaft (oben) genügt also 1 Fauler = X, dazu 1 Weiser = I, um die Zeile auf die volle Anzahl von 8 Buchstaben zu bringen.

Verschlüsseln: Wer den Text zeilenweise niederschreibt, verschlüsselt ihn spaltenweise und beginnt damit unten rechts. Man schreibt die Buchstaben der Spalte 8 von unten nach oben, so daß der wichtige Weiser an den Anfang der Botschaft kommt. Wenn die 8 Buchstaben der Spalte 8 niedergeschrieben sind, folgen die Spalten 7 6 5 4 3 2 und 1, alle von unten nach oben.

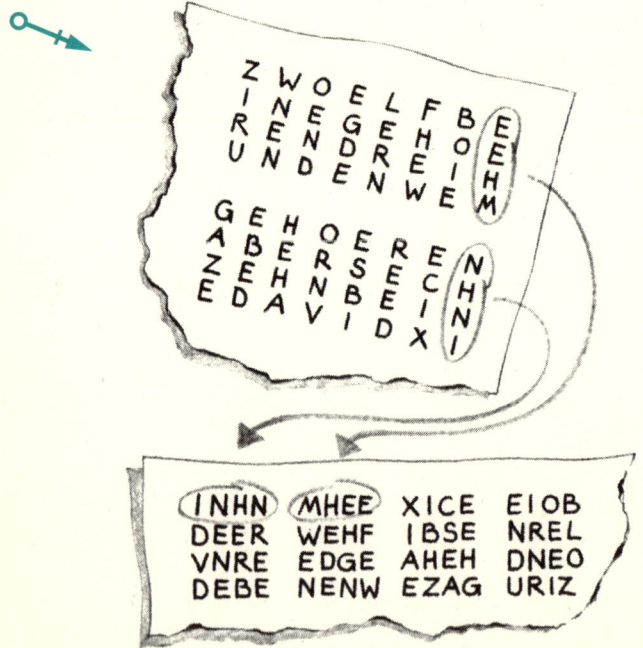

Gleichgültig ist, wie man die Buchstaben bei der Niederschrift anordnet: ob willkürlich oder in Gruppen. Wer mag, kann die Gesamtanzahl des Textes durch eine kleinere gerade Zahl teilen (4 oder 6).

Buchstabenanzahl je „Wort" und Teiler sind dann identisch. 64 : 4 = 16 heißt hier, daß sich 16 „Wörter" zu je vier Buchstaben ergeben und die Niederschrift des Geheimtextes so aussieht wie die Abbildung auf Seite 108.

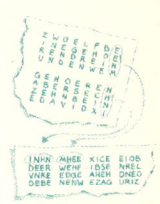

Entschlüsseln: Zuerst achtet man auf den Weiser. Es ist das erste oder auch die ersten beiden Zeichen der Botschaft. Zwei Zeichen können es sein, wenn die Buchstabenanzahl je Zeile mehr als 10 ist. Laut Hilfsschlüssel bedeutet 10 = BA. Der Weiser verrät uns die Buchstabenanzahl je Zeile: I = 8. Dann zählen wir alle Zeichen des Geheimtextes und teilen durch 8.

Das Ergebnis verrät die Anzahl der Zeilen. Nun legt man das gleiche Schema an wie der Absender und überträgt den Geheimtext jeweils spaltenweise von rechts nach links, unten rechts beginnend, wo der Absender begonnen hat. Sind alle Zeichen übertragen, liest man den Klartext wie vereinbart zeilenweise von oben nach unten ab.

TIP

Die Zeilenschrift gehört zu den angenehmen Gedächtnisverfahren. Leicht kann man sich alles merken und braucht keinen Schlüssel oder Code bei sich zu haben. Wer dieses

Verfahren noch etwas verfeinern will, wählt einen verwürfelten Hilfsschlüssel für die Ziffern = Anzahl der Buchstaben je Zeile oder ein Schlüsselwort. Zum Beispiel so:

A	B	C	D	E	F	G	H	I	K
0	8	6	4	2	1	3	5	7	9

oder

V	O	L	K	S	W	A	G	E	N
3	8	0	1	7	2	9	6	4	5

Oder er setzt grundsätzlich zwei Zeichen an den Anfang als
Weiser: Für 8 Buchstaben schreibt man 08 = AI, für 9 Buchstaben schreibt man 09 = AK. Und so weiter. Man kann mit
dem Verschlüsseln auch an anderer Stelle beginnen, zum
Beispiel bei Spalte 4. Dann geht der Weg von 4 3 2 1 nach
8 7 6 5. Man muß nur auf den richtigen Platz für den Weiser achten. Er muß immer am Anfang der Botschaft stehen.

Alle **Veränderungen**
immer zuvor mit
dem **Partner**
vereinbaren.

Verschlüsselte Botschaft

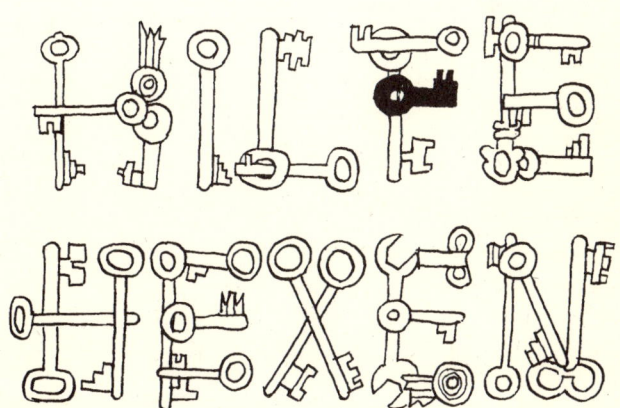

Drehscheibe zu:

Der richtige Dreh

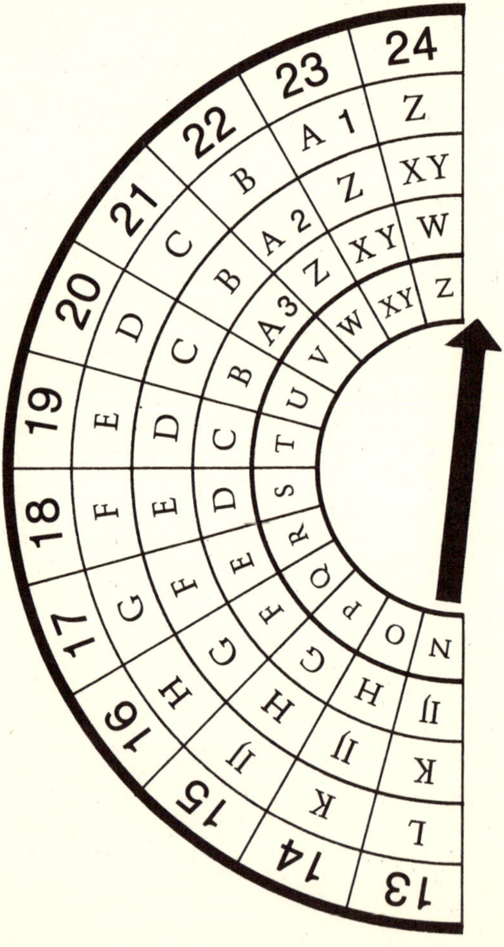

1 XY W V
2 W V U
3 V U T
4 U T S
5 T S R
6 S R Q
7 R Q P
8 Q P O
9 P O N
10 O N M
11 N M L
12 M L K
A B C D E F G H IJ K L M

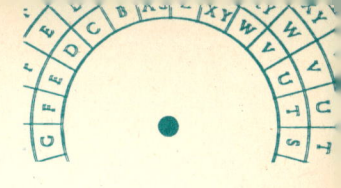

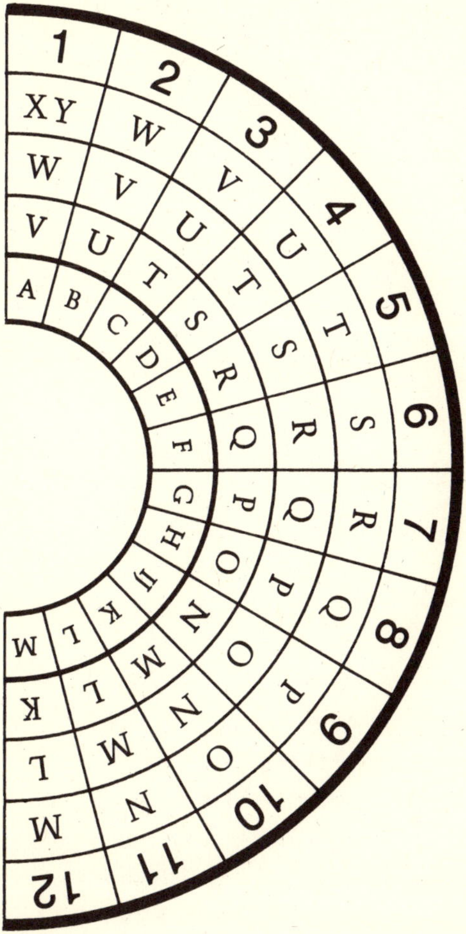

Der richtige **Dreh**

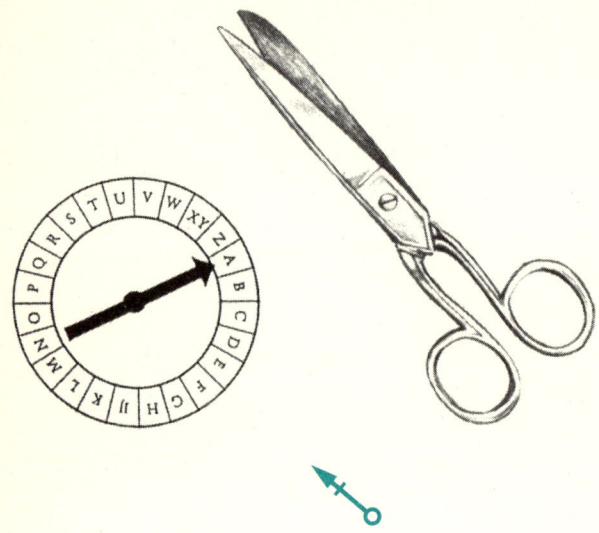

Mit dieser Drehscheibe gelingen viele Verschlüsselungen, die nicht so leicht zu entziffern sind für Neugierige. Wer Spaß am Basteln hat, fertigt sich das nützliche Hilfsgerät selbst. Praktischerweise etwas größer als die Abbildung. Man benötigt zwei Kreisscheiben aus dünner Pappe von 9 und 18 cm Durchmesser. Montiert werden sie so: Durch beide Mittelpunkte je ein 5 mm breites Loch stanzen und aufeinanderlegen, dann mit einer Musterklammer so verbinden, daß sie sich gegeneinander drehen lassen.

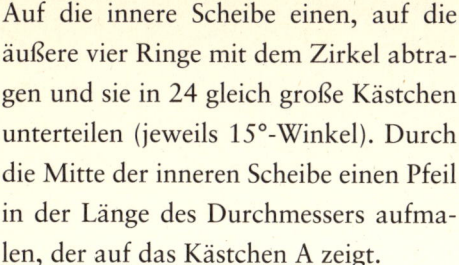

Auf die innere Scheibe einen, auf die äußere vier Ringe mit dem Zirkel abtragen und sie in 24 gleich große Kästchen unterteilen (jeweils 15°-Winkel). Durch die Mitte der inneren Scheibe einen Pfeil in der Länge des Durchmessers aufmalen, der auf das Kästchen A zeigt.

In die Felder der inneren Scheibe tragen wir die Buchstaben des Alphabetes in gewohnter Reihenfolge und Schreibrichtung ein. Wo der Pfeil hinzeigt, kommt das A ins Kästchen. I und J sowie X und Y kommen je in ein Kästchen.

Auf der äußeren Scheibe beginnen wir im Außenring und numerieren die Kästchen im Uhrzeigersinn von 1 bis 24. In den drei Ringen darunter tragen wir jeweils das Alphabet gegen den Uhrzeigersinn ein. Es sind die Wahlringe 1, 2, 3, die wir dort kennzeichnen, wo sie beginnen:

- ○─➤ Wahlring 1 unter 23 mit A1,
- ○─➤ Wahlring 2 unter 22 mit A2 und
- ○─➤ Wahlring 3 unter 21 mit A3.

Jeweils links anschließend an A das Alphabet eintragen. Auch hier kommen überall I und J sowie X und Y je in ein Kästchen und gelten als ein Buchstabe.

Fertig ist dein „richtiger Dreh"!

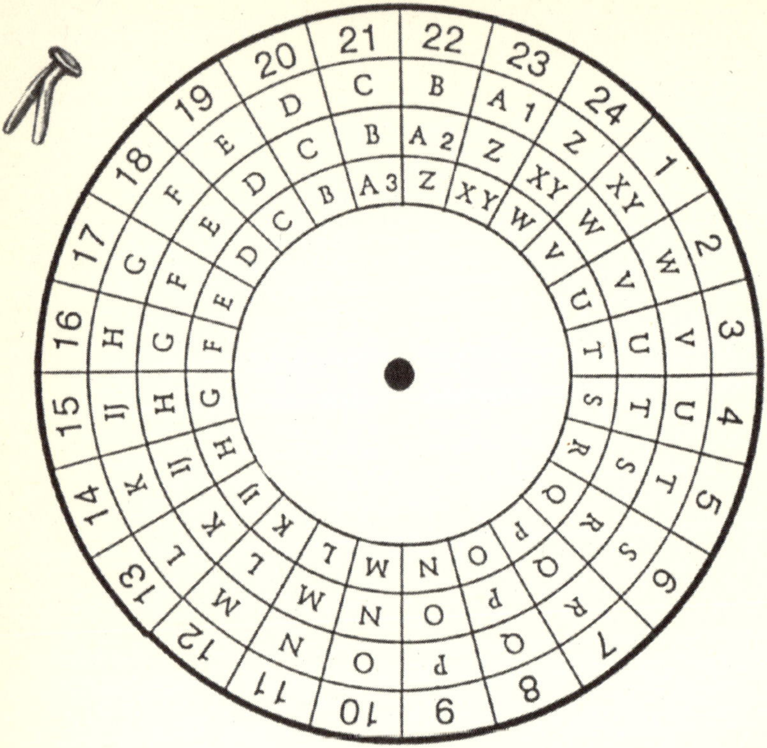

Verschlüsseln: Lautet die geheime Botschaft zum Beispiel so:

ROLF HAT GELOGEN.
T.

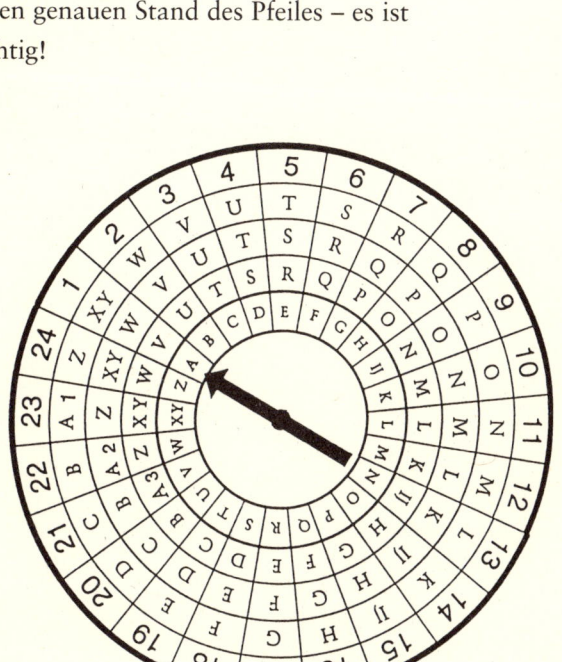

dann unterteile als erstes den ganzen Text in Gruppen zu je drei Buchstaben und numeriere alle Gruppen fortlaufend mit 1 2 3 1 2 3 und so weiter. Richte danach den Pfeil der inneren Scheibe auf den 1. Buchstaben deiner Botschaft – hier das R – auf das R des 3. Wahlringes. Wo der Pfeil jetzt steht (beim R), bleibt er während der ganzen Verschlüsselung fest an dieser Stelle. Kontrolliere während des Verschlüsselns hin und wieder diesen genauen Stand des Pfeiles – es ist wichtig!

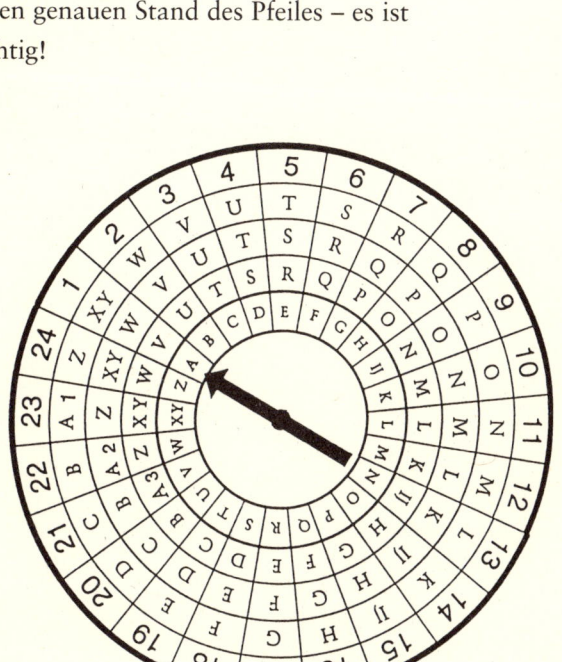

Die Einteilung des Textes in 3er-Gruppen ergibt dieses Bild:

1	2	3	1	2
ROL	FHA	TGE	LOG	ENT

Die **erste** Gruppe wird vom **ersten** Wahlring abgelesen,
die **zweite** Gruppe wird vom **zweiten** Wahlring abgelesen,
die **dritte** Gruppe wird vom **dritten** Wahlring abgelesen.

Dann geht es wieder von vorne los, beim ersten Wahlring. Abgelesen werden die Schlüsselbuchstaben auf der inneren Scheibe, und zwar ohne Ausnahme nur hier. Es sind jeweils die Buchstaben auf der inneren Scheibe, die unter den in den drei Wahlringen zuvor gesuchten stehen. Oder deutlicher: die Klartext-Buchstaben

aus dem 1. Wahlring R O L sind im inneren Ring C F I,

aus dem 2. Wahlring F H A sind im inneren Ring N L S,

aus dem 3. Wahlring T G E sind im inneren Ring X L N,

aus dem 1. Wahlring L O G sind im inneren Ring I F N und

aus dem 2. Wahlring E N T sind im inneren Ring O F Z.

Verschlüsselt sieht der Geheimtext zusammenhängend so aus:

CFI NLS XLN IFN OFZ

So lassen wir ihn aber nicht stehen, da er Hinweise auf das Verfahren geben könnte, sondern teilen ihn zur Irreführung in 5er-Gruppen ein. Dann ergibt sich:

CFINL SXLNI FNOFZ

Jetzt ist deine geheime Botschaft fertig verschlüsselt bis auf einen wichtigen Hinweis für deinen Partner. Den erfährst du jetzt beim Entschlüsseln. ○—►

○—► Für das Entschlüsseln mußt du zuerst vom Partner das Wichtigste erfahren: Auf welchen Buchstaben zeigte der Pfeil, als er seine Botschaft verschlüsselt hat? Es ist das **R** im 3. Wahlkreis. Doch diesen Buchstaben gibt man nicht preis. Man verschleiert ihn und nennt statt dessen die Ziffer auf dem äußeren Ring: Es ist die 5. Doch auch diese schreibt man nicht blank auf und merkt sich, daß einstellige Ziffern durch Vorsetzen einer Ziffer von 3 bis 9 in zweistellige Ziffern umgewandelt werden.

Die Ziffernreihe auf dem äußeren Ring reicht von 1 bis 24. Sie enthält nur die Zehnerziffern mit 1 und 2 (10 bis 19 und 20 bis 24). Tauchen nun andere als diese beiden Ziffern auf, weiß der Empfänger sofort, daß es Nieten sind, die er ohne Gefahr streichen kann. Steht zum Beispiel vor der Chiffreschrift eine 45, so streicht er die 4 sofort weg. Er stellt den Pfeil der inneren Scheibe auf 5 und teilt die Buchstaben des Geheimtextes wieder in 3er-Gruppen ein.

Beim Entschlüsseln mußt du in umgekehrter Richtung wie beim Verschlüsseln vorgehen und die Chiffrebuchstaben immer auf der Innenscheibe aufsuchen und – je nach Gruppennummer – im entsprechenden Wahlring entschlüsseln:

	1	2	3	1	2
5	CFI	NLS	XLN	IFN	OFZ
	ROL	FHA	TGE	LOG	ENT

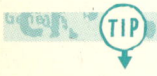

Man kann nicht nur, man soll sogar nach einiger Zeit ständig gleicher Anwendung die Reihenfolge der Wahlringe ändern in einen 2-1-3- oder 3-2-1- oder 2-3-1- oder 1-3-2-Turnus. Doch müssen solche Änderungen wie auch alle anderen vorher abgesprochen und genau festgelegt sein.

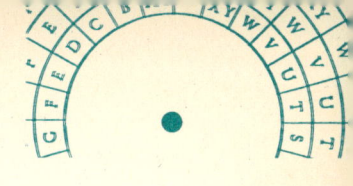

Das Verfahren mit der Drehscheibe hat
den großen, unschätzbaren Vorteil, daß
es als sehr sicher gilt. Sicherheit hat jedoch ihren Preis. Er ist nicht zu hoch,
auch wenn es so scheint. Es gibt einfa-
chere Verfahren, gewiß; sie aber haben
den Nachteil, daß sie nicht so sicher
sind. Immer gilt, daß, was auf den ersten
Blick recht verzwickt aussieht, in Wahr-
heit sofort seine Tücken verliert, wenn
man das Verfahren häufig anwendet.

26mal versetzt

Ein Abt und Gelehrter des Mittelalters, Johannes Trithenis (1462 bis 1516), war der Erfinder der Verschiebeschrift. Sie ist sehr einfach anzuwenden, doch sehr kompliziert zu ent-

schlüsseln. Man schreibt das Alphabet in eine Reihe und setzt es in 26 Reihen nochmals darunter, von Reihe zu Reihe um je einen Buchstaben nach vorne versetzt, so daß man schließlich 26mal komplette Alphabete in allen waagerechten Reihen und allen senkrechten Spalten hat. Das Ergebnis sieht so aus wie auf Seite 125.

Bestimmend sind die oberste Reihe und die linke Spalte. Die oberste Reihe heißt Sprachlinie oder Klartextreihe. Von hier aus wird der Klartext verschlüsselt. Die linke Spalte heißt Wahllinie oder Schlüsselspalte. Von hier aus wird das Schlüsselwort entschlüsselt.

○—▸ Lautet der Klartext zum Beispiel:

»GLAUBE IHM NICHT. TIM.«

benötigen wir für das Verschlüsseln ein längeres Schlüsselwort mit verschiedenen Buchstaben, zum Beispiel VOLKSWAGEN. Das schreiben wir fortlaufend unter den Klartext und teilen ihn gleich in 5er-Gruppen ein (die unvollständige letzte Gruppe ist mit den Faulen XYZ ergänzt zu 5):

```
G L A U B   E I H M N   I C H T T   I M X Y Z
V O L K S   W A G E N   V O L K S   W A G E N
```

Verschlüsseln: In der Klartextreihe suchen wir das **G**, den 1. Buchstaben des Klartextes. In der Schlüsselspalte suchen wir das **V**, den 1. Buchstaben des Schlüsselwortes. Nun geht man in der G-Spalte nach unten und in der V-Reihe nach rechts. Wo sich beide gedachten Linien treffen, steht im Schnittpunkt der Buchstabe C – der 1. Schlüsselbuchstabe des Geheimtextes. Das nächste Buchstabenpaar L und O findet sich im Schnittpunkt A, das dritte A und L im

Schnittpunkt M. In dieser Weise wird der ganze Klartext verschlüsselt, so daß sich folgender Geheimtext ergibt (siehe Tabelle 2):

CAMFU BJORB ERTEM FNEDN

So wird der Schlüsselbuchstabe beim Verschlüsseln und der Klartextbuchstabe beim Entschlüsseln gesucht:

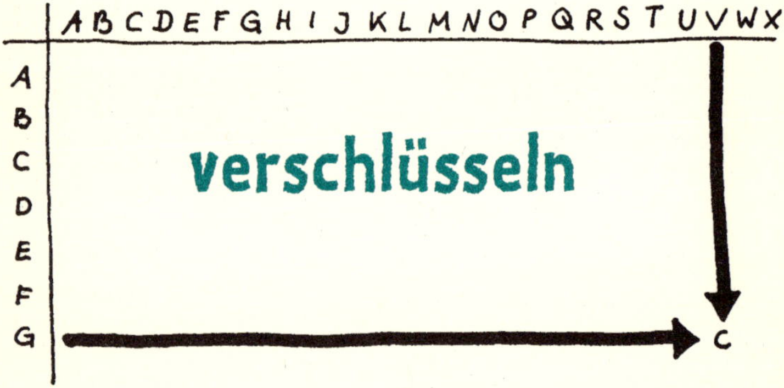

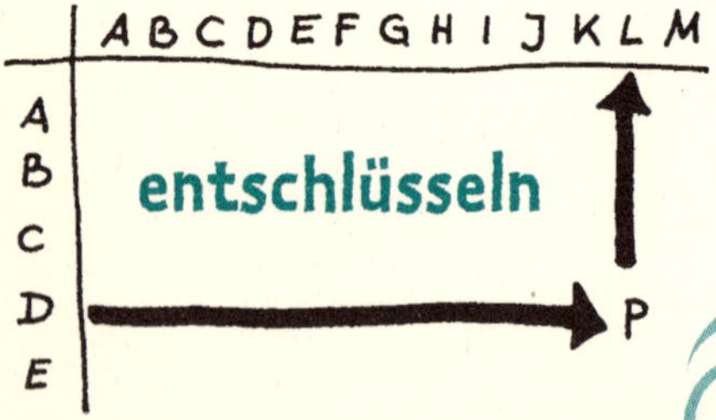

ABCDEFGHIJKLMNOPQRSTUVWX

verschlüsseln

G ──────────────────────────► C

ABCDEFGHIJKLM

entschlüsseln

D ──────► P

	A	B	C	D	E	F	G	H	I	J	K	L	M	N	O	P	Q	R	S	T	U	V	W	X	Y	Z
A	B	D	D	E	F	G	H	I	J	K	L	M	N	O	P	Q	R	S	T	U	V	W	X	Y	Z	A
B	C	E	E	F	G	H	I	J	K	L	M	N	O	P	Q	R	S	T	U	V	W	X	Y	Z	A	B
C	D	F	F	G	H	I	J	K	L	M	N	O	P	Q	R	S	T	U	V	W	X	Y	Z	A	B	C
D	E	G	G	H	I	J	K	L	M	N	O	P	Q	R	S	T	U	V	W	X	Y	Z	A	B	C	D
E	F	H	H	I	J	K	L	M	N	O	P	Q	R	S	T	U	V	W	X	Y	Z	A	B	C	D	E
F	G	I	I	J	K	L	M	N	O	P	Q	R	S	T	U	V	W	X	Y	Z	A	B	C	D	E	F
G	H	J	J	K	L	M	N	O	P	Q	R	S	T	U	V	W	X	Y	Z	A	B	C	D	E	F	G
H	I	K	K	L	M	N	O	P	Q	R	S	T	U	V	W	X	Y	Z	A	B	C	D	E	F	G	H
I	J	L	L	M	N	O	P	Q	R	S	T	U	V	W	X	Y	Z	A	B	C	D	E	F	G	H	I
J	K	M	M	N	O	P	Q	R	S	T	U	V	W	X	Y	Z	A	B	C	D	E	F	G	H	I	J
K	L	N	N	O	P	Q	R	S	T	U	V	W	X	Y	Z	A	B	C	D	E	F	G	H	I	J	K
L	M	O	O	P	Q	R	S	T	U	V	W	X	Y	Z	A	B	C	D	E	F	G	H	I	J	K	L
M	N	P	P	Q	R	S	T	U	V	W	X	Y	Z	A	B	C	D	E	F	G	H	I	J	K	L	M
N	O	Q	Q	R	S	T	U	V	W	X	Y	Z	A	B	C	D	E	F	G	H	I	J	K	L	M	N
O	P	R	R	S	T	U	V	W	X	Y	Z	A	B	C	D	E	F	G	H	I	J	K	L	M	N	O
P	Q	S	S	T	U	V	W	X	Y	Z	A	B	C	D	E	F	G	H	I	J	K	L	M	N	O	P
Q	R	T	T	U	V	W	X	Y	Z	A	B	C	D	E	F	G	H	I	J	K	L	M	N	O	P	Q
R	S	U	U	V	W	X	Y	Z	A	B	C	D	E	F	G	H	I	J	K	L	M	N	O	P	Q	R
S	T	V	V	W	X	Y	Z	A	B	C	D	E	F	G	H	I	J	K	L	M	N	O	P	Q	R	S
T	U	W	W	X	Y	Z	A	B	C	D	E	F	G	H	I	J	K	L	M	N	O	P	Q	R	S	T
U	V	X	X	Y	Z	A	B	C	D	E	F	G	H	I	J	K	L	M	N	O	P	Q	R	S	T	U
V	W	Y	Y	Z	A	B	C	D	E	F	G	H	I	J	K	L	M	N	O	P	Q	R	S	T	U	V
W	X	Z	Z	A	B	C	D	E	F	G	H	I	J	K	L	M	N	O	P	Q	R	S	T	U	V	W
X	Y	A	A	B	C	D	E	F	G	H	I	J	K	L	M	N	O	P	Q	R	S	T	U	V	W	X
Y	Z	B	B	C	D	E	F	G	H	I	J	K	L	M	N	O	P	Q	R	S	T	U	V	W	X	Y
Z	A	C	C	D	E	F	G	H	I	J	K	L	M	N	O	P	Q	R	S	T	U	V	W	X	Y	Z

125

Schlüsselspalte – von hier aus wird der Geheimtext entschlüsselt

Das ist nicht schwierig. Man muß nur die beiden Linien – Klartextreihe und Schlüsselspalte – klar auseinanderhalten, sonst schleichen sich verhängnisvolle Fehler beim Entschlüsseln ein.

Das Entschlüsseln erfolgt in umgekehrter Richtung. Unter den Geheimtext schreibt man fortlaufend das vereinbarte Schlüsselwort:

C A M F U   B J O R B   E R T E M   F N E D N

V O L K S   W A G E N   V O L K S   W A G E N

Jetzt gehen wir von der Schlüsselspalte aus. Der 1. Buchstabe des Schlüsselwortes ist ein V. Wir suchen ihn in der Schlüsselspalte und gehen in dieser Reihe bis zum 1. Buchstaben des Geheimtextes: C. In der C-Spalte nach oben klettern bis zur Klartextreihe, dort finden wir das G, der 1. Buchstabe des Klartextes, den wir eintragen. Das 2. Paar heißt O und A; von O bis A ergibt oben den Klartext-Buchstaben L. Das 3. Paar heißt L und M; von L bis M ergibt oben A. Auf die gleiche Weise suchen wir die restlichen Buchstaben des Schlüsselwortes in der linken Schlüsselspalte auf, gehen nach rechts bis zum jeweiligen Buchstaben des

Geheimtextes, dann nach oben und lesen dort in der Klartextreihe die Klartextbuchstaben ab. So sieht das Ergebnis
aus:

C A M F U   B J O R B   E R T E M   F N E D N

V O L K S   W A G E N   V O L K S   W A G E N

G L A U B   E I H M N   I C H T T   I M X Y Z

Die Verschiebeschrift gilt zwar als sehr sicheres Verfahren. Dennoch könnte, wer über eine Riesenportion Glück und zugleich Geduld verfügt, die geheime Botschaft über die immer gleichbleibende Anzahl der Buchstaben des Schlüsselwortes doch einmal aufschlüsseln. Es gibt drei sichere Mittel der Abhilfe:

1 Statt des Schlüsselwortes einen längeren Schlüsselsatz bilden und sich einprägen. Das Verfahren wird in gleicher Weise angewendet, wie bereits oben geschildert. Statt „Volkswagen" schreibt man zum Beispiel einen bekannten Liedanfang unter den Klartext:

GLAUB EIHMN ICHTT IMXYZ

ALSDI EROEM ERFRE CHGEW

2 Anstatt das regelmäßige Alphabet in jeder Reihe zu versetzen, wird es 26mal willkürlich verwürfelt untereinandergeschrieben. Das Verfahren mit einem Schlüsselwort oder besser einem Schlüsselsatz bleibt dasselbe wie bisher.

(3) Man verschlüsselt den Text zweimal, ganz gleich, ob mit zwei Schlüsselwörtern oder Schlüsseltexten. Ratsam: Zuerst mit einem Satz, dann mit einem Wort. Das ist zwar für Absender wie Empfänger umständlicher und zeitraubender, dafür jedoch unbedingt sicher, wenn die Botschaft nicht eilig ist und absolut geheim bleiben muß. Denke an das Gebot: Sicherheit geht immer vor Dringlichkeit!

Wichtig: Wer bei Anwendung der Verschiebeschrift die beiden Spielarten 2. oder 3. vorzieht, darf auf keinen Fall das verwürfelte Alphabet oder alle 26 Zeilen verlieren. Sonst ist alles verloren; man muß es neu herstellen. Bei 1. kann man sich das Schema immer wieder selber machen.

Bunt entziffert

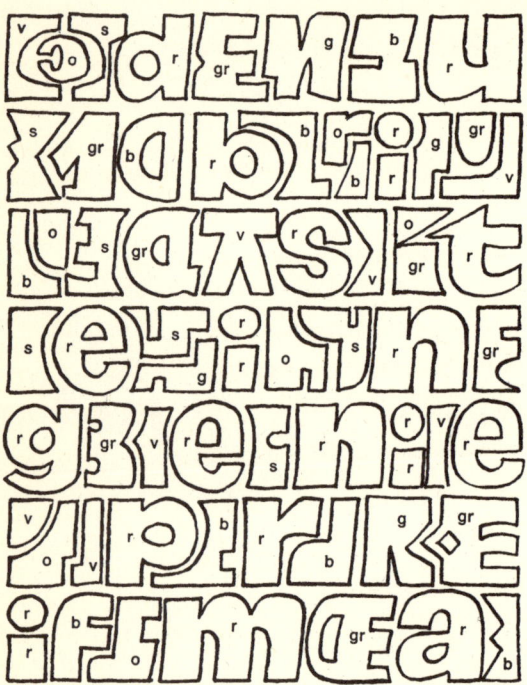

In diesen sieben Zeilen ist eine geheime Botschaft für dich versteckt. Wenn du sie erfahren willst, mußt du alle Zeichen bunt ausmalen und die entsprechenden Buchstaben zeilenweise von oben nach unten ablesen. Zum Ausmalen mit Buntstiften (die sind besser als Filzstifte) nimm diese Farben: b = blau, g = gelb, gr = grün, o = orange, r = rot, s = schwarz, v = violett. Wie mag die Botschaft lauten?

Tummel**platz**

Dieser Tummelplatz ist ein Übungsplatz für Beweglizche. Hier kannst du unbeschwert die Probe aufs Exempel machen und dir beweisen, wie weit du schon die Geheimlehre der Geheimschriften durchschaust. Doch keine Angst! Hier ist keiner, der abfragt oder abhört. Hier bist du selbst der Geheime, dem kein Rat teuer wird; denn du kannst, ja du mußt sogar nachschlagen auf der betreffenden Seite des Verfahrens. Sie ist jeweils angegeben.

Alles ist erlaubt. Auch das Spicken im Lösungsteil. Doch je weniger du das tun mußt, desto fortgeschrittener bist du schon in die Geheimlehre eingedrungen. Und desto mehr Spaß hast du an der Sache. Kein Meister fällt vom Himmel. Er fällt nur aus allen Wolken, wenn er es sich zu einfach macht. Hole deinen Bleistift, beginne gleich. Viel Erfolg sei dir herzlich gewünscht – insgeheim!

1   Seite 16 **Immer dem Pflug nach**

Z	K	E	E	K	N
E	N	B	I	T	Q
E	S	D	E	E	G
E	B	Z	E	I	N
I	E	N	R	A	U
L	H	U	I	S	E

Lösung:

2   Seite 18 **Geheimtipp** oberer Stellvertreter

G038G	3EQZ3	8JʊJ5
37R30	WJ994	8W5E8
37POO	309WD	Z48W5

Lösung:

3   Seite 25 **Fäden können reden**

132

Lösung:

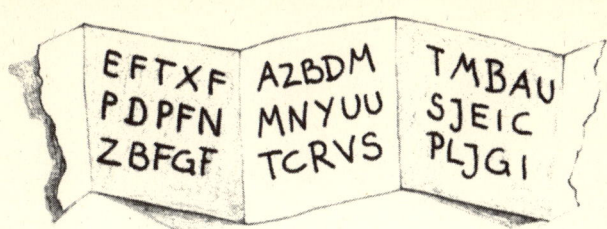

Lösung:

A B C D E F G H I J K L M N O P Q R S T U V W X Y Z

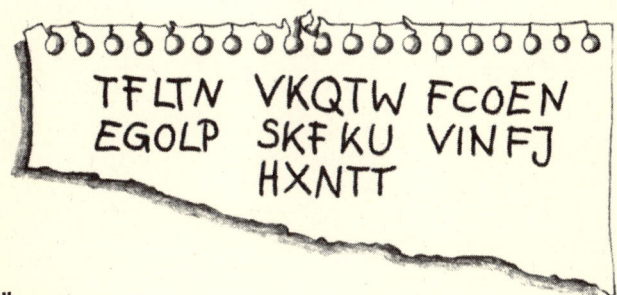

Lösung:

1

```
L M I F E S M A M Z
C 7 E M A N N C K I
S C O N E H D P H E
H A T L U T C S R L
T G A A X 8 N E C E
G F E W B 9 N H ? I
H L A C D E K A F A
E N 3 O T C E X S N
S Y S L H U Z T N A
F U L L F T O R E M
```

Lösung:

Winkelschrift

unverschlüsseltes Alphabet

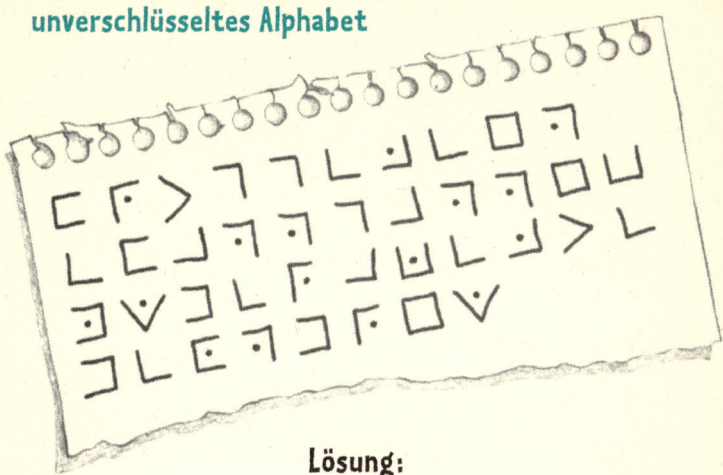

Lösung:

Pünktchen

1. Verfahren, vier Zeilen

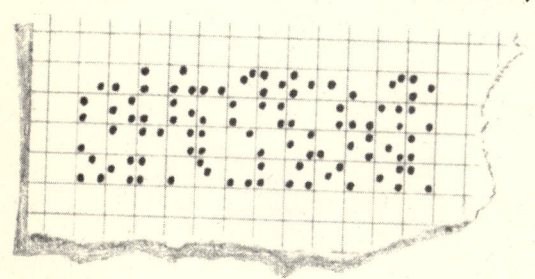

Lösung:

   Rösselsprung   **Schema b**

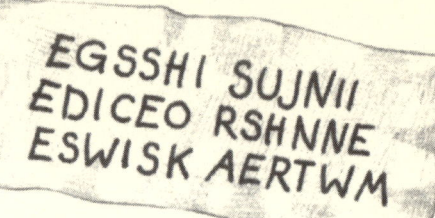

Lösung:

   Hallo Käpt'n

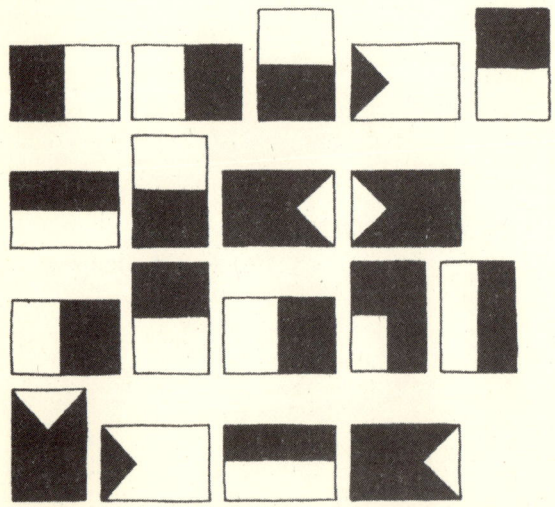

    **Lösung:**

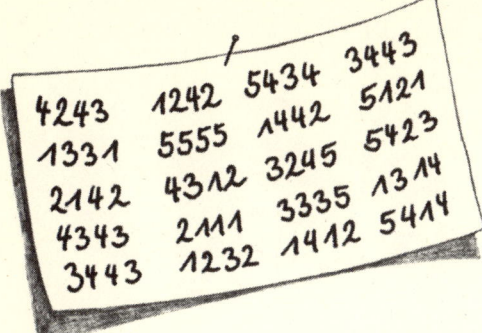

4243   1242   5434   3443
1331   5555   1442   5121
2142   4312   3245   5423
4343   2111   3335   1314
3443   1232   1412   5414

Lösung:

Au oauau iuieauo uou
auuoeuu ue aaoeuau
ioaeau adouaui oaa
iuauu aiu aieioui uau
uoaeaua aouaui ai
ueaaiee aioui oii oaaea
uo ieuaui aii oieiea

Lösung:

Schlüsselwort: **Drachenblut**

Lösung:

Geheimnisse eines Spitzels

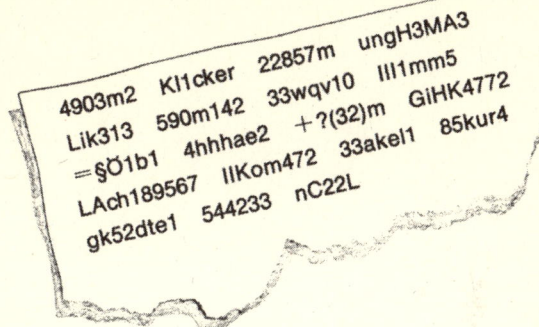

4903m2   KI1cker   22857m   ungH3MA3
Lik313   590m142   33wqv10   III1mm5
=§Ö1b1   4hhhae2   +?(32)m   GiHK4772
LAch189567   IIKom472   33akel1   85kur4
gk52dte1   544233   nC22L

Lösung:

Zeilenschrift

KHLNNAAECBE
EHHRSSFNRI
OTSPIAHNAE
UEMCOHINKOS
ESHHEFTLSR
CTEAIOESTLH

Lösung:

15   Seite 114

Der richtige Dreh

Lösung:

16   Seite 122

26mal versetzt

Schlüsselwort: Ludwigshafen

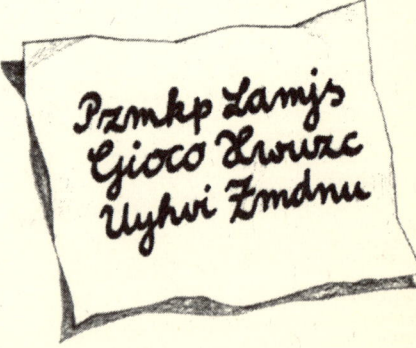

Lösung:

Geheimnisse überall

Warum wohl entzündet die menschliche Phantasie bei dem Reizwort Geheimagent ein wahres Feuerwerk abenteuerlichster Vorstellungen? Warum läßt ihn hingegen der Titel Geheimer Rat so überaus kühl und gleichgültig, obwohl der Geheimrat von einst weit mehr Geheimnisumwittertes wußte? Einfach darum, weil ein Geheimagent sich niemals zu seinem Tun bekennt, weil er sich gemeinhin so harmlos und alltäglich gibt wie du und ich, es aber nicht ist.

Nicht jeder, der eine Geheimschrift verwendet, muß etwas Unredliches zu verbergen haben, nicht jeder muß gleich ein Spion sein.

Denn auch die Umkehrung des Satzes stimmt. Wohl war ein Geheimnisträger, den man mit einem Code erwischte, ein gelieferter Mann. Doch diese Gefahr gingen jene unterdrückten Minderheiten mutig ein, für die es keinen anderen Weg der Verständigung gab. Minderheiten haben immer einen starken Zusammenhalt bewahrt und bewiesen. Man denke nur an die ersten Christen in Rom, an Volksgruppen in fremden Ländern, an Zigeuner, Bettler, Juden, Gefangene, Logen, Verdammte oder ähnlich Verlorene. Immer bedienten sie sich eigener Sprachen und Zeichen, um sich untereinander verständlich zu machen.

Dennoch wissen wir nicht genau, wer als erster eine Geheimschrift angewandt hat. Auch verschweigen die Jahrbücher der Geschichte, ob jener erste Schreiber Geheimes für sich oder auch für andere festhielt. Überliefert ist, daß die alten Griechen und Römer ihre Geheimzeichen hatten und anwendeten. Einer ihrer Weisesten, Sokrates, machte sich erstaunlicherweise nicht durch Geheimschreiberei verdächtig. Er hat zeitlebens keine Zeile geschrieben, seine Reden brachten ihm den Giftbecher.

Neben den Methoden rasender Computer in heutiger Zeit hört sich die Story des Sklaven Spiridon wie ein Witz an. Sie spielte vor etwa 2500 Jahren. Die ionischen Griechen in Kleinasien waren in einen Aufstand gegen die Perser verwickelt, als Histiaios, der Tyrann von Milet, eine wichtige Geheimbotschaft an seinen Schwiegersohn Aristagoras senden mußte. Was tat er? Er ließ Spiridons Kopf ratzekahl scheren, schrieb den Geheimtext auf die Kopfhaut und wartete, bis die Haare wieder gewachsen waren. Erst dann schickte er den Sklaven mit der Botschaft los. Zeit hatte man reichlich – damals!

Das Mittelalter war voll von Geheimschreibern. Wer auf sich hielt, ließ geheimschreiben. Es gab viele Gründe in jener Zeit, nicht alles an die große Glocke zu hängen, auch wenn oder weil es bedeutsam genug für die Welt war. Wissenschaftliche Erkenntnisse galten nicht unbedingt als gottgefällig in den argwöhnischen Augen der Kirchenfürsten. Folter und Scheiterhaufen drohten den Fortschrittlichen. So behielt man besser für sich, was für die Menschheit von Segen und Nutzen gewesen wäre. „Für sich" heißt: geheim.

Nachfolgende Zeiten der politischen Ränke und Intrigen rief abermals Scharen von Geheimnishütern auf den Plan. Und wie die Geheimnistuerei ins Kraut schoß, mehrten sich die Verdächtigungen. Mag der Anlaß noch so harmlos gewesen sein. Selbst ein so rechtschaffener Mann wie Goethe wurde auf seiner Italienreise verhaftet, weil er eine uralte Ruine am Gardasee in seinem Skizzenbuch festhielt. Zwar kam er schnell wieder frei, doch was die Carabinieri nicht ahnen konnten: Goethe war immerhin Geheimer Rat. Ihn amüsierte die ganze Affäre.

In unserer Zeit haben sich die Methoden der Geheimschriften raffiniert verfeinert. Man arbeitet mit Mikrofilmen und Codebüchern, mit Geheimtinten und Chiffriermaschinen, die bis zu zehnmal überschlüsseln. Reine Kopfarbeit ist da machtlos. Jeder will, ja muß den anderen übertreffen, keiner will sein Geheimnis preisgeben und muß es doch an seinen Mann bringen.

Geheimschr Nicht jeder ist gleich ein Bösewicht, weil er etwas geheim hält. In der menschlichen Natur ist beschlossen, daß sie auf dem Markt nicht alles ausläutet, was an Erfahrung und Erkenntnis ihr zuteil geworden ist. Die Lauscher sind Tag und Nacht unterwegs. Man hütet sein Geheimnis aufs peinlichste. Oder man erwählt sich einen Vertrauten zum Mitwisser. Doch damit beginnt bereits die Misere, so daß die Spanier sagen:

„Die
Geheimnisse
bewahrt am besten
ein Toter."

Verzeichnis der
Fachausdrücke

Für manche Fachausdrücke gibt es mehrere Bezeichnungen. In diesem Verzeichnis werden sie nur einmal aufgeführt.

Buchstabenhäufigkeit

auch Frequenz genannt; Häufigkeit des Auftretens gleicher Buchstaben, im Deutschen bei Wortanfängen, -endungen, Wörterhäufigkeit, Doppelbuchstaben

Buchstabenverfahren

die buchstabenweise Umwandlung des Klarvtextes in Geheimschrift

Chiffre

oder Sigel: Schlüssel für Geheimschrift

145

chiffrieren

mit einem Schlüssel einen Klartext in einen Geheimtext umsetzen.

Code

vereinbarter Schlüssel für abgekürzte Geheimschrift.

Codebuch

Zusammenstellung von Kurzwörtern, Gruppen von Buchstaben oder Ziffern zu verkürzenden Elementen (Codegruppen) zur Vereinfachung geheimer Mitteilungen.

dechiffrieren

mit einem Schlüssel Geheimtext in Klartext umsetzen.

Deckwortverfahren

Verschleierung durch Worttausch.

Diagramm

Schema, Matrix, bestimmte Anordnung (Figur).

Ersatzverfahren

Tauschverfahren der Klartext-Elemente (Gruppen, Silben, Wörter) durch Buchstaben, Ziffern, Zeichen, Bilder.

Faule

nicht zählende, irreführende Zeichen im Geheimtext, auch genannt: Annullierzeichen, Blender, Blindgänger, Füller, Nieten, Nonvaleurs (französisch: Nichtwerte), Nullzeichen, Schwindler.

Fenster

geordnetes Schema zum mechanischen Eintragen des Geheimtextes mit Gitter, Lochkarte, Matrize, Netz, Patrone, Schablone.

Füllgitter

Kästchenraster mit in sinnvoller Reihenfolge ausgeschnittenen Fenstern zum Eintragen der Geheimzeichen, der viermal gedreht werden kann (= Drehgitter); kann er gedreht und auch gewendet werden, heißt er Wendegitter.

Gedächtnisverfahren

eine Verschlüsselungstechnik, bei der man keinen vorgefertigten Schlüssel mit sich führen muß, sondern ihn auswendig weiß.

Geheimtext

der buchstabengetreue Wortlaut einer geheimen Nachricht mit allen Zeichen seines Inhalts.

Gegensinn

meint das Gegenteil vom angegebenen Sinn durch Verneinung oder Doppel-Verneinung.

○—→► Grundschlüssel

nennt man die 1. Verschlüsselung eines Textes.

○—→► Klartext

auch Klarschrift, die unverschlüsselte, „offene" Geheimbotschaft.

○—→► Kryptogramm

Text, der eine geheime Botschaft aus verabredeten Buchstaben (Zeichen) enthält.

○—→► Kryptograph

Geheimschriften-Schreiber, der auch entschlüsselt.

○—→► Kryptographie

Geheimschrift ganz allgemein.

○—→► Kryptologie

Geheimschriften-Kunde.

○—→► Multiplikationschiffre

dient der zweifachen Verschlüsselung der geheimen Nachricht mit Hilfe 1. eines Wahlwortes und 2. einer Buchsta-
bentabelle, mit der der Klartext „multipliziert" wird, das
heißt, beide werden ineinander verschlüsselt.

○—►► Nomenklatur

Decknamen(wort)verzeichnis oder Verzeichnis der Fachausdrücke eines Wissensgebietes.

○—►► Raster

die akkurate Eintragung von Zeichen in Reihen und Spalten von Kästchenpapier.

○—►► Schlüssel

die jeweils angewandte Chiffre zur Umwandlung des Klartextes in Geheimtext und umgekehrt.

○—►► Schlüsselwort

ein bestimmtes Kenn- oder Wahlwort, das zur Verschlüsselung des Klartextes in den Geheimtext und zurück zugrunde gelegt wird.

○—►► Sigel

ist das der Klarschrift entsprechende Kennzeichen in der
Geheimschrift, das aus mehreren Teilen bestehen kann
(= Element).

○—►► Silbenverfahren

heißt die silbenweise Umwandlung (auch wort- oder wort-
gruppenweise) des Klartextes in Geheimtext.

○—►► Spalte
Längsreihe oder Kolumne von Zeichen, fortlaufend von oben nach unten gelesen (auch umgekehrt).

○—►► Überchiffre
Zahl, Wort oder Satz, mit dem der bereits verschlüsselte Geheimtext aus Sicherheitsgründen ein zweites Mal chiffriert wird.

○—►► Umlaute
sind unbedingt immer in Doppel-Selbstlaute aufzulösen: ä = ae, ö = oe, ü = ue (ausgenommen „eigenes Alphabet", Seite 82).

○—►► Verfahren
auch: Art und Weise, Ausübung, Methode, Schema, System, Vorgang für die Ver- und Entschlüsselung einer Geheimschrift.

○—►► Verschleierungsverfahren
Sichtbar- oder Unsichtbarmachen durch Chemikalien, Wärme, Licht.

○—►► Versetzungsverfahren
die Elemente des Klartextes bleiben erhalten, nur deren Reihenfolge wird verändert. Die übliche Reihenfolge der Buchstaben im Alphabet wird – willkürlich oder nach Plan – gegeneinander versetzt.

Verwürfeln

willkürliche Verteilung des Alphabetes in ein Diagramm, das dann als Schlüssel dient.

Wechselzeichen

Zeichen für geänderten Schlüssel (oder -wort), Rechts- oder Linksläufigkeit beim Lesen.

Weiser

verschleierter Hilfsschlüssel am Anfang der Botschaft; gibt Auskunft über z.B. Anzahl der Buchstaben je Zeile oder Art des Verfahrens.

Wortverfahren

Umsetzungen von Elementgruppen des Klartextes mittels Satzbuch (Code), das für die wichtigsten Elementgruppen gleich einem Wörterbuch „Übersetzungen" in Geheimwör- ter liefert.

Zahl

Wertangabe, vielstellig.

Zeile

Querreihe von Zeichen, fortlaufend von jeweils links nach rechts geschrieben und gelesen (oder auch umgekehrt).

o——▸ Ziffer

Zahlzeichen, auch mehrstellig; es gelten nur die Zeichen, nicht deren Wert. Meist empfiehlt es sich, Zahlenwerte mit Buchstaben auszuschreiben (21 = zweiziffrige Zahl).

o——▸ Ziffernschrift

Geheimtext, der nur aus Ziffern gebildet wird, die für Buchstaben stehen (ein Buchstabe = zweistellige Ziffer).

o——▸ Zinken

geheime Zeichen- oder Bilderschrift der Bettler, Gauner, Zigeuner und anderer Minderheiten.

Lösungen

10 Quatsch mit Soße macht nicht dick

12 Entdeckte Wichtiges. Komme. Bringe Tonband mit. Willi

14 Ein fauler Dreh ist das. Ohne mich. Ich steige aus. Vico

19 Auto kaputt. Abfahrt mit Fahrrad 8 Uhr. Bert hilft anderen. Karl

25 Ente hat das Buch

26 Kreuz und quer hin und her ist nicht schwer

29 Keine Angst. Wir schuetzen Till. Erwartet Bob. Lia

34 Dies ist keine geheime Botschaft. Unter der Briefmarke findest du sie. Vorsichtig ablösen. Gitta

39 Wir sagen prima gut gelesen

47 Doof mit Knall. Das ist ein Jux und nicht geheim

51 Gefahr fuer alle durch Otto. Benna

55 Joe hat Briefmarken geklaut. Seine Schwester kennt Versteck. Theo

57 Wenn du das lesen kannst, kannst du auch das noch lesen, oder?

69 Du bist Geheimrat geworden!

83 Mops mit Mofa zu Karl durchgebrannt. Unbedingt schweigen. Rückkehr morgen. Bob

97 Vorsicht, bissiger Hund, du gehst leer aus, hau ab!

105 Fliehe Polizei

130 Du bist ein Genie, prima!

131 Tummelplatz: 1 Luegen haben kurze Beine. Diese ist keine. Q.Z.   2 Bleibe daheim. Im Teufelsmoor ist die Hölle los. Christ.   3 Seite drei ist rechts. Dieter. 4 Das Versuchskarnickel lernt nichts ueber Biologie. H.   4 Reisen kostet Geld, doch sieht man die Welt. 5 Man sagt so leicht: Affen machen alles nach. Das stimmt nicht. Oder gehen Affen etwa zur Schule? Leo.   6 Krumme Beine kann man nicht gerade bue- geln. Grit   7 Dieser Brief ist geheim. Nicht weiter- sagen. Ehrenwort. Lil.   8 Was jeder schon weiss, ist

kein Geheimnis. U. R.   9 Gefahr. Fliehe zu Karl.
10 Der Dumme hofft, dass der Kluge es nicht merkt.
Rut   11 Wenn alle so schoen waeren, wie sie tun, es
waere nicht auszuhalten. Jutta.   12 Am ersten Mai ist
schulfrei. Walter.   13 Das ist kein Hexeneinmaleins.
14 Hatschi Halef Omar hatte keinen Schnupfen. Er
hiess bloss Hatschi. Leonore. (K = 9).   15 Ende gut,
alles gut. Lea.   16 Dein Geheimbuch kann gut
schweigen.

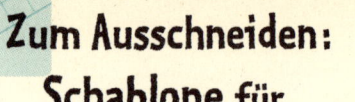

Zum Ausschneiden:
Schablone für
„Guckfenster"

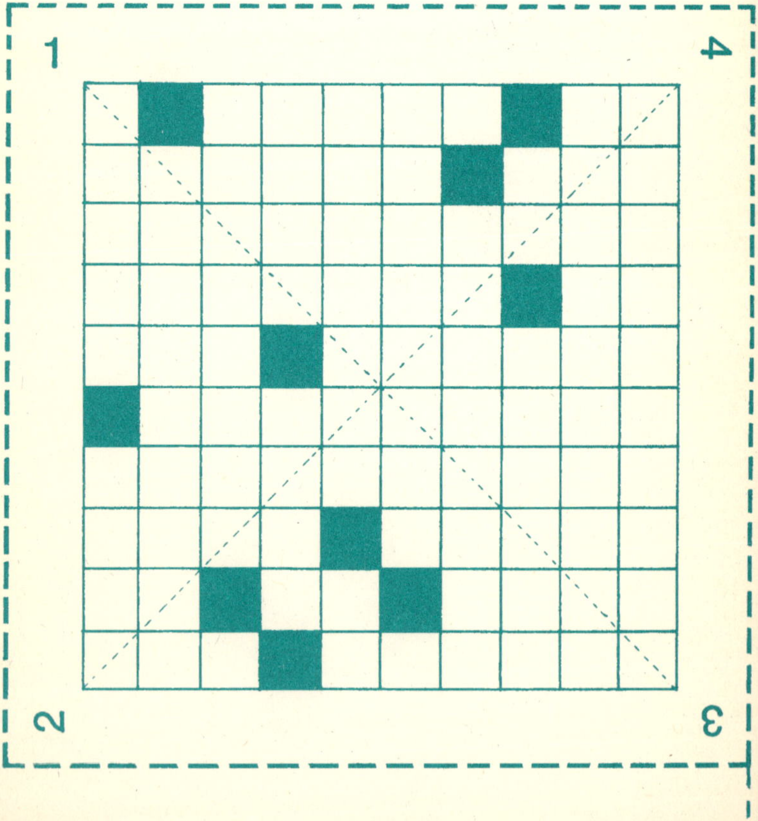

Sie gehört zu der Geheimschrift auf Seite 33/34. Schneidet
sie auf der Linie - - - entlang aus. Die zehn schwarzen Felder ■ sorgfältig herausschneiden und nicht herausreißen.
Am besten so: Ein Loch durch die Feldmitte bohren und
mit kleiner Schere in Richtung der Ecken, dann auf den Linien schneiden. Die Ziffern 5 6 7 8 auf der Rückseite der
Schablone an gleicher Stelle eintragen. Wer eine stabilere
Schablone haben will, klebt sie auf Karton auf oder zeichnet sie im gleichen Maßstab auf Karton und schneidet ihn
aus.

5   8

6   7

Schablone für
„Geheimbuchstabensalat"

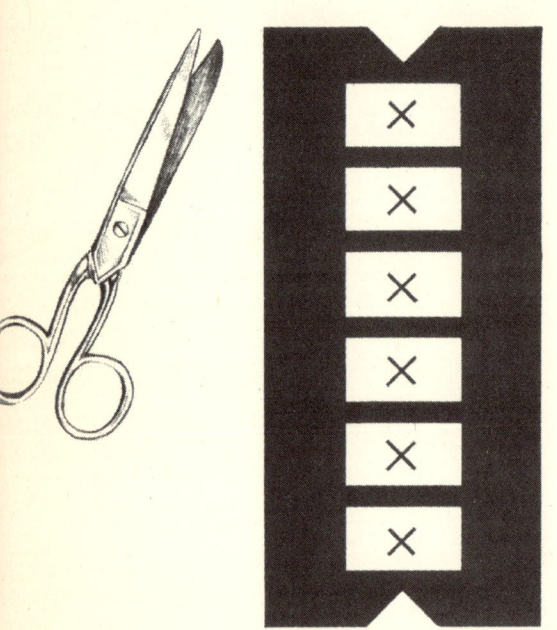

Sie dient dir zum Entziffern der geheimen Botschaft von Seite 69. Je genauer du diese Schablone am schwarzen Rand abschneidest und die sechs weißen, mit einem X gekennzeichneten Fenster aus den schwarzen Rähmchen herausschneidest, desto besser wirst du die Nachricht lesen können. Eine Hilfe: Mit einer kleinen Schere ein Loch in die weißen Fenster bohren, in Richtung der vier Ecken schneiden und dann an den Rändern entlang. Vorsichtig!